Fritz Stavenhagen

Mudder Mews

Fritz Stavenhagen

Mudder Mews

ISBN/EAN: 9783955631123

Auflage: 1

Erscheinungsjahr: 2013

Erscheinungsort: Bremen, Deutschland

@ Leseklassiker in Access Verlag GmbH, Fahrenheitstr. 1, 28359 Bremen. Alle Rechte beim Verlag und bei den jeweiligen Lizenzgebern.

Leseklassiker

Mudder Mews

Niederdeutsches Drama ▬ in 5 Akten ▬

von

Fritz Stavenhagen

Hamburg
Im Gutenberg=Verlag Dr. Ernst Schultze
1904

Personen:

Mudder Mews, 62 Jahre.
Willem Mews, Fischer, 38 Jahre ⎫
Hugo Mews, Fischer, 19 Jahre ⎬ ihre Kinder.
Lisbeth Nibbe geb. Mews, 23 Jahre ⎭
Elsabe, Frau des Willem, 27 Jahre.
Lütt-Hein, 6 Jahre ⎫
Gretchen, ½ Jahr   ⎬ Kinder des Willem.
Ein Junge.
Kinder und Nachbarn.

Das Stück spielt im Hause des Fischers Willem Mews auf der Elbinsel Finkenwärder im Spätherbst 1894.

Erster Akt

Erster Akt.

Grosses Zimmer bei Willem Mews.

Hinten links breites niedriges Fenster aus kleinen Scheiben; rechts Tür, obere Hälfte Glas. Freier Ausblick. Drei Stufen führen auf den mit roten Ziegelsteinen gepflasterten Deich, dahinter Schiff, dann der breite Elbstrom, drüben Blankenese mit Süllberg.

Links in der Mitte steht ein englischer Kochherd, weiter vorn Küchenschrank mit aufgesetztem Tellerbort. Rechts neben dem Herd Topfständer und zwei emaillierte Wassereimer daneben, ziemlich hinten, Tür.

Rechts Sofa, grosser Tisch mit Wachstuchdecke und 6 Holzstühle, an der Wand hängen Familienbilder. Neben der Uhr stehen zwei kleinere Schiffsmodelle unter Glas.

Ein grosses, fast meterlanges Modell eines alten Seeräuberschiffes hängt am Balken unter der Holzdecke inmitten des Zimmers.

Man hört hin und wieder das Tuten grösserer und kleinerer Dampfer.

(Hugo — in Arbeitshose und blauem Wollhemd — sitzt auf dem Sofa, hat den Kopf über ein starkes Buch gestützt. Elsabe hantiert am Herd, bereitet Kaffee.)

Hugo: Ach wat! (schlägt das Buch zu, legt sich zurück) dat krieg ick nich to Enn', da ward mi ja de Kopp bie wehdauhn.

Elsabe (lachend): Dat 's Di licht öber worden.

Hugo: Glöwst Du denn an all sonn' Kram?

Elsabe (wendet sich zu ihm, lacht): Aber Hugo! Dat is doch all nahforscht, dat is einfach wohr! Da brukt man nich veel an to glöben. — Wat kannst denn doran nich begriepen?

Hugo: Dat will mi alltosam nich in' Kopp. So deipes Wader, dat 'n Schipp, wenn 't unnergeiht, öberhaupt nich an 'n Grund kamen kann, giwt nich! Wi willen se dat denn utforschen? Wenn 't Schipp stahn bliwt, denn bliwt doch dat Lot ok stahn. Kein wеit denn, dat 't nich an 'e Grund is?

Elsabe (ist unterdes an den Herd gegangen und hat Wasser durch den Kaffeetrichter gegossen; kommt wieder an den Tisch): Wenn man dat to 'n ersten Mal hört, kümmt 't einen ja 'bitten mutsch vör. Dat Wader hett doch ebenso got Gewicht as jedes annere, wenn de Buttel vull Wader is, is he swerer, as wenn he leer is. Nu stell di mal vör, da ligt soveel Wader opeinanner as 'n Karktormspitz hoch, nee, as tein Karktormspitzen hoch! Nu hett doch de unnerste Schicht de gröttste Last, un je höger du kümmst, je weniger hem de Schichten to drägen. Nich wohr? Versteihs Du 't nu?

Hugo: Ja, ja, dat kann ick nu all glöben.

Elsabe: Na ja. Nu geiht jedes Dings, wat man rinnlaten deiht int Wader, so deip as't selbs swar is. Versteihst Du! Also smiet ick dit Messer rinn, dat geiht viellicht man ein Karktormspitz deip, 'n Lot viellicht söss, 'n grotteres von tein Pund woll tein, aber denn geiht't nich wieder, denn warden de unnern Schichten von all dat Wader, wat doröber is, all so stark tosam presst, dat't nich mehr wieder kann; un denn bliwt 't stahn. (geht wieder zum Herd.)

Hugo: — Jä, angahn kann 't ja.

Elsabe (lacht): Nee! dat 's wohr!

Hugo: Jä. — Aber wie wölt s' denn dat rutkriegen, dat dat Wader in Würklichkeit noch veel deiper is? Wenn doch kein Lot mehr deiper geiht?

Erster Akt.

Elsabe (geht wieder zu ihm): Dat 's sonn Saak, nich? Kiek mal, sonn' grot Lot von tein Pund, wenn dat nu an ein Stell, wo 't öberhaupt kein Grund giwt, so wiet dahlaten is, dat 't steiht, denn is dat so swer, will man 't weder rut trecken, dat Hanp- un Stahltrossen un ok Ankerkeden rieten würden!

Hugo: Sall ik dat nu glöben? Elsbe! Du hest mi all weder in fienen to'n Besten.

Elsabe (lacht): Nee, nee, nee! ditmal nich! Aber denk doch mal 'n bitten nah: denk mal, dit lange Enn' von de Lien, de se mit dahl laten hem, de wigt doch ok all wat, un denn ligt op dat Lot soveel veel Wader — denn ehr dat steiht, möt 't all ornlich deip sien — de möst doch denn dat Lot all heben kön'. Dat kann 't nich! Uns' Riesenkrohn wür dat Ding nich weder rutkriegen.

Hugo: Mi ward all ganz swinnlig. Dräum ik nu, oder lüchst Du?

Elsabe: Dat Du dat nu nich begriepen kannst.

Hugo: Dat Du lüchst?

Elsabe (geht auf ihn zu): Jung! Du kriegst gliek 'n Flicken!

Hugo: (wirft sich lang aufs Sofa, das Gesicht in die Polster; spattelt mit den Beinen, schreit). Mama! Mama!

Elsabe (lachend): Gott, Hugo! schrei doch nich so! Wat denken de Lüd! (geht zum Herd, giesst den Rest Wasser auf und holt dann Tassen aus dem Schrank).

Ick vertell Di einfach nichs weder. Wenn Du mi doch nichs glöben wullt.

Hugo: Doch! ick glöw 't ja! Ick glöw alles! Leig man wieder.

Elsabe (trägt die Tassen auf den Tisch): Ick will Di wat lachen!

Hugo: Jo! dat möst mi noch erst seggen, wie 's de Loten weder rut kriegt, un denn, wur se weeten, dat 't nich an 'n Grund is.

Elsabe (setzt sich an den Tisch): Dat steiht ja alles hier in, les doch! Dat Swatt is de Schrift.

Hugo: De kann ick woll lesen. Süh mal, aber man nich, wat datwischen steiht. Datwischen steiht 't meiste! Du kannst mi dat all so schön utdüden. Wo du man 'n por Wür to brukst, da mokt de Kerl 'n ganzes Bok von! un wat 'n dickes Aas! de Deubel war dor klok ut.

Elsabe (hat das Buch genommen und blättert darin): Du möst di mehr Meuh geben, Hugo! 't is ganz got, wenn man 'n bitten wat versteiht. Hebt ji denn sowat nich in 'e School hatt?

Hugo: Nee! giwt ja gornich! Religion, Singen, Schönschrieben! Aber 'n bitten wat Intressantes, nee! denn wür uns ja dat Schoolgahn Sposs maken, un dat darf 't doch nich! Da haut s' ein 'all sonn' Hangelbangel nah 'n Liew rinn, de Striemen bliewt länger as dat Lehrte. Religion brukt wie nich! Singen lehrt wie up Strot! un wenn ick man selbst lesen kann,

Erster Akt.

wat ick schriew, is genog. De kleuksten Minschen schrieben doch am slechsten!

Elsabe (lacht).

Hugo: Ji hebt doch sowat ok nich in 'e School hatt?

Elsabe: Nee! Aber ick dacht ji Jungs harn mehr as wi.

Hugo: Mehr Släg! Jeden Dag, denn Gott in Himmel warden lätt! Ick wull doch kein fremde Lüd Kinner wat lern, nich för alles in 'e Welt!

Elsabe: Ach! ick har grote Lust dorto! Aber ick möst ja gliek in Deinst un mit verdein.

Hugo: Donn lewt dien Mudder noch? Ik denk, de har sick all — um 't Leben bröcht.

Elsabe: Nee, donn noch nich, gliek dornah erst. Ich bruk s' nich mehr, ick kunn mi nu allein helpen' schreew s' in' Breif — un denn hett s' sick ophangt. — Un 'n Vadder hew ick ja öberhaupt nich kennt, na, da wär dat nichs mit mien lehrn. — Aber ick hew leest, alls wat ik faten kriegen künn, de halben Nachten dörch . . .

Hugo: Dat deist ja noch.

Elsabe: Ah, langs nich mehr so! Bie denn olln Kaptein hew ick de ganze Bibliothek dörchpleugt. De läd ja öberhaupt alles von mi, sonn' richtigen Schörtenjäger wär dat noch, un darbie har he all griese Hoor. Aber bi mi har he sick sneeden. As denn sien Frau stürw, sull ick noch länger bie em blieben, so as Mäken för alles weisst Du . . .

Hugo: Kann 'ck denn olln griesen Buck gornich verdenken.

Elsabe (langt aus): Du!

Hugo (hält still): Do dat leiber nich, Elsbe, Du künnst Di de Hand wehdohn.

Elsabe (blättert): Dat wür ok noch nichs schaden. — Kiek! (zeigt ins Buch) da is ja sonn' Ding afbild't, wats' an de deipen Stelln runner lat, wo se immer noch Grund hebt, aber dat Bot weder optofier doch to swer is. Kiek! disse Stang, de dörch de Kugel geiht, stött denn op Grund un dordörch lätt de Reed los, de swore Kugel rutscht af un se bruken bloss de Lien optofiern.

Hugo: Donnerwetter! wat klok sind de Minschen!

Elsabe (lachend): Ja. Un hier is nu ok glieks sonn' Art Kannon, wo se dat Lot mit int Wader scheiten dohn, wo 't öberhaupt kein Grund mehr giwt.

Hugo: Nanu! Scheiten?! denn könnt se doch erst recht nich weeten, wo deip dat geiht.

Elsabe: Teuw doch so lang! Kiek hier is sonn' Meter. An 'e Kugel, de se dahlscheiten dauhn, is nämlich 'n dünne Liehn; kiek, hier is de mächtige Rull. Wenn 't Lot nich wiedergeiht, ward de Liehn einfach afkappt, un disse Meter seggt dann ganz genau, wieveel von de Liehn aflopen is. Kiek!

Hugo (besieht die Bilder): Jä — ja. — Ick segg, wo sind bloss de Minschen klok. Du weisst aber ok öber alles Bescheid.

Erster Akt.

Elsabe: De ein' weit dit, de anner dat, un all weit s' wat. Bloss ick weit jetzt nich wat de Willem weder so lang utblieben mutt. Veel Fisch harn ji doch nichmol mitbröcht?

Hugo (greift Fliegen): De Ös! Jetzt hett 't Zweck, dat man se wegfangt, jetzt kamen kein mehr rinn.

Elsabe: Du?

Hugo (Fliegen greifend): Nee nich mal mittelmagreit. — As! (drückt eine Fliege in der Hand tot.)

Elsabe (schlägt ihn auf die Hand): Gitt! Lat doch de armen Tiern, de wölt doch ok leben. Hä! (schüttelt sich und wendet das Gesicht ab).

Hugo: Dat Du nich seihn kannst, wenn ick' 'n Fleig dodmak. De argert uns doch ok ob Schritt un Tritt. (In der Nähe tutet dreimal kurz ein Dampfer.) Da kümmt he.

Elsabe (springt auf): Is dat erst de Damper von Hambog? Kümmt de aber lat, is meist veer, un man markt all, dat 't düsterer ward. (Sie sieht zur Tür hinaus).

Hugo (geht im Zimmer herum und sucht jeden Gegenstand nach Fliegen ab): He möst gegen Wind un Tied — wie hebt ja Floot — möt aber nu bald Hochwader sien. — (am Schrank) Nu kiek bloss mal an, wat s' dor für intressante Figuren hensett hem. Dor is 'n Stern, dor is 'n Kreis un hier is 'n ganzen Messhümpel. Sonn' Swienslüs!

Elsebe (hinaussehend): — Ja, wenn s' erst mehr bet weg sind, denn möt ick mal ornlich bie un alls afseipen. — Da kümmt he! (läuft nach links; wie sie dort die Tür geöffnet hat, bleibt sie unmutig stehn) Hä! nu möt ok grad de Lütt an to schrein fangen! (Es gehen verschiedentlich Leute übern Deich.)

Hugo: Giw s' man her, ick schuckel se 'n beeten in (sucht Fliegen).

Elsabe (ab, kommt gleich mit einem Kinderwagen besserer Art zurück): Se schient all weder intoslapen, se legt denn Kopp op de Sied. Fohr se man 'n beeten. (Willem Mews kommt übern Deich) Da is he all.

Willem (kommt herein): Goden Dag!

Elsabe: Ick wull mi grad verkrupen, da fung de Lütt an. (läuft auf ihn zu, fasst ihn bei den Ohren, küsst ihn.)

Hugo (fährt den Wagen hin und her, setzt sich auf den Stuhl vorm Tisch; stösst den Wagen von sich und zieht ihn am Band, das am Griff befestigt ist, wieder zurück. Singt dabei vor sich hin, den Blick von den Beiden abwendend):

> Heut abend scheint der Mond so schön,
> Mond so schön,
> Da will ich zu meiner Liebsten gehn,
> Liebsten gehn,
> Da will ich zu meiner Liebsten gehn.
>
> Mädchen! mach auf und :lass mich ein:
> :Ich möcht die Nacht wohl :bei dir sein::
>
> Ich mach nicht auf, lass :dich nicht ein:
> :Es könnt über Nacht mein :Unglück sein::

Erster Akt. 17

Mädchen! mach auf und :sperr dich nicht:
:Ich bin ein Kerl, heu-:rade dich::

Bist du ein Kerl, heu-:radest mich:
:Ich bin imstand und :nimm dich nicht::

Elsabe (während Hugo leise singt): Wat bist denn so lang bleeben? All acht Dag kümmst man op'n halben Dag un denn bliwst ok noch de längst Ciet weg. (sucht lachend seine sämtlichen Taschen durch) Na?

Willem (steht breit da, lässt alles mit sich geschehen): Nu, Elsbe, datt lätt sick doch mal nich ännern. Ditmal bliwt wi ok bit morgen Nahmiddag.

Elsabe (küsst ihn): Dat 's schön!

Willem: Ja, seuk Du man to. Dor hest lang watt an. Hewt wi morgn nich Sankt Marten?

Elsabe: Ja, dat is't ja. Ick hew all soveel Jungs mit Swiensblasen loopen seihn, aber doran hew ick wahrhaftig nich dacht. Denn geiht ja morgn de Larm weder los.

Willem: Lat denn Lütt-Hein man nich mit.

Elsabe: Bist Du denn all nich mehr hier?

Willem: Gegen vier möt wi woll hier weg, denn sowat is Hochwader. — Wo steckt denn de Lütt? Wat?

Elsabe: Hest Du em nich buten seihn? Eben leep he noch mit anner Jungs öbern Diek; ick denk, he hett Di von Damper halt.

Hugo (steht auf): Ick will em woll seuken, de Lütt slöpt.

Willem: Nee, lat man, de ward all von selbst kamen.

Elsabe (lacht): Sühst Du! Denn hest 'n ok dropen. (fühlt nochmal alle seine Taschen nach) Wo hest 't denn ditmal bloss versteeken? Du wist mi doch nich wiessmoken, dat Du nichts mitbröcht hest? (Lütt-Hein, zwei Bücher unterm Arm, kommt von links übern Deich).

Willem: Ick hew nichs. — Kiek: is dat nich uns' Lütt?

Elsabe: Wie he padraddig geiht. (lacht) Wat hett he denn unnern Arm? Ah!

Willem (ebenfalls lachend): 'n lütten snakschen Kerl!

Lütt-Hein (stolziert herein, nimmt seine Schiffermütze ab, geht, den Kopf im Nacken, an den Eltern vorüber gerade an den Tisch). Morn! (legt die Bücher auf den Tisch) Afgeben! (macht kehrt, setzt sich die Mütze wieder auf und will hinaus) Morn!

(Alle drei brechen endlich in helles Lachen aus.)

Willem: Dat hest got makt!

Elsabe (setzt sich in die Hucke, umfängt ihn): De Bad soll hierblieben! (küsst ihn) Hew ok schönen Dank! (drückt ihn heftig an sich) Ach Du bist doch to seut!

Willem: Na lat em man gern noch 'n beeten rut.

Hugo (ist an den Tisch gegangen, blättert in einem der Bücher, liest den Titel): Das Wasser. Na, dat kennt wie ja.

Erster Akt.

Lütt-Hein: Morn! (stolziert wieder hinaus.)

Willem (lacht): Is dat 'n lütten Büchsenschieter! De deiht all alls, wat 'n em seggt. De is all bald to wiet.

Elsabe (fällt über die Bücher her, setzt sich). — Ei! dat hier is 'n feines Bock! ei! das Leben im Wasser von Jäger, dat is wat feins. (blättert, liest) Da künn 'ck nu glieks bie sitten blieben.

Willem (setzt sich aufs Sofa): — Na, wie is 't denn nu mit Kaffee?

Hugo (klappt sofort sein Buch zu und geht zum Herd).

Elsabe (bleibt sitzen): Ach, Hugo, bring denn Kaffee mal eben her; un Botter un Melk hew ick vergeeten. — Ach, erst schuw de Lütt mal weder nah de Slabstuw rinn. (liest)

Hugo (schiebt vorsichtig leise den Wagen nach links ab).

Willem (zieht seinen Rock aus und wirft ihn mit seinem weichen Hut aufs Sofa; zieht seine Börse aus der Tasche und zählt Geld auf den Tisch).

Hugo (kommt zurück, bringt gleich vom Schrank Butter, Brot, Kaffee, Messer auf den Tisch).

Elsabe (greift zu dem andern Buch): Un wat is dat? Ah! Rossmässler! Rossmässler, das Wasser. Da freu ick mi to! (schüttelt ihren Mann am Arm) Willem, Du bist 'n goden Kerl! Sie ok veemal bedankt!

Willem: Is all god, les mand!

Elsabe: Dafőr will ick di hüt nacht ok nich int Bein kniepen, wenn weder to mi ... (sieht auf Hugo, der gerade wieder an den Tisch tritt; hält sich die Hand vor den Mund und liest lächelnd).

Willem: (reckt sich). Verdammi! bin ik meud! Hugo kumm, nimm dien Geld.

Hugo: Ah, dat hett ja Tiet.

Willem: Na, na, do man nich so, nimm man. — Ick weit noch recht got, wie ick mi op mi erstes Knechtsgehalt freut hew. Nu heit dat doch nich mehr: Jung! Elben Mark in einer Woch, dat 's doch 'n schön Stück Geld. (schenkt sich Kaffee ein) Wi hebbt aber ok Glück hatt dees Woch. Wat hewt 'w denn mitbröcht? nichmal dusend Pund. Aber 't hett Geld geben an' Mark; achtunvierdig Penn' för grode Schulln, vör drei Wochen hett 't elben geben. (trinkt) Schell= fisch ditmal achtein und twindig Penn. Ick weit, dat s' all drei geben hem, dat 's 'n Unnerscheid. (trinkt) Un wat meinst, wat 't für Kleiss geben hätt? wi harn nich veel, aber achtzig Penn! (schenkt sich wieder ein) Verdammi, hew ick 'n Dost. (trinkt) Achtzig Penn! — Bist denn hüt morgen all weder an Bord west? Wie= wiet sind de beiden Timmerlüd?

Hugo (hat sich ebenfalls Kaffee eingegossen): Mit 'n Kalfaten wärn s' all meist ferdig. Pick harn s' all op Für.

Willem: De Jung is an Bord?

Hugo: Ja! (hält die Kanne über Elsabe's Tasse). Sall ick di ok glieks inschenken?

Erster Akt.

Elsabe (lesend): Nee — Na ja, doch, schenk man in. (Klappt das Buch zu.)

Willem (indem er Hugo das Geld zuschiebt): Hewt wie denn hüt nich'n beeten wat Seuts to 'n Kaffee?

Hugo: Ick kann ja eben henlopen, wat holn.

Willem: Nee, nichs Köftes.

Elsabe: Ah, dat Backen gerad mi doch nich, wat sall ick 't immer weder verseuken.

Willem: Hugo har aber doch 'n paar Ossenoogen backen kunnt.

Hugo: Dat kann 'ck ja noch.

Willem: Ne nu lat man (schneidet sich Brot). Aber to hüt abend kannst 't ja maken, da brut wie uns 'n stiewen Krog to, un denn fiert wi mal 'n vergneugten Abend.

Elsabe: Mienwegen. Mehl, Eier, Botter is alles in' Hus. Ick gew mi aber nich damit af.

Willem (Hugo zulachend): Is ok nich nödig, wat? Wi beiden wöllt woll trecht kriegen. Du vertellst uns denn, wat neies in de Beuker steiht.

Hugo (streicht endlich heimlich schnell das Geld ein): Dat wöllt wi woll all allein maken.

Elsabe (springt auf): Nee kumm! Gew mal dat Geld her! Gew mal eben gau dat Geld her! Co, Hugo!

Hugo (hält es in der Hand von sich, lächelnd): Warum? Kann ik nich ok Geld bi mi hem?

Elsabe: Gew her! Ick will 't för di sporn. Du weisst, se könnt di nächstes Jahr licht bi de Marine nehmen; du hest dissen Sommer hier 'n Barg utlegt. Wenn denn dit Jahr fliedig sporst un hest to dien Soldatentiet jeden Sündag Dien Daler, dat is woll schön! To, gew her, Hugo.

Hugo (gibt ihr): Du giwst ja doch nich ehr nah. — Holt! Ick möt mi noch 'n blaues Hemd köpen, fief Mark her!

Elsabe (hat das Geld genommen und geht damit an den Schrank): Wenn Du ein brukst, will ick Di woll ein köpen.

Willem: Verdammi! (lacht) Du springst hier mit uns um, as wenn 't nichs is!

Elsabe (zieht die linke Schrankschublade auf und nimmt eine Börse heraus): Süh, hier leg ick 't in, bie dat annere. Dat nimmt Di hier kein Minsch.

Hugo: Da bin ick ok nich bang vör.

Elsabe: Dat ligt hier open, ick verslut nichs! Aber nimst Du ein Penn davon, ohne dat ick't weit, denn is för dit Leben de Fründschaft ut twischen uns beiden!

Hugo (doch etwas gedrückt): Sie man nich bang.

Willem (nur um Hugo leichter darüber hinweg zu kriegen, lacht ihn an): Nich, Hugo, se ward orlich krittelig! (zieht sein Geld heraus und schüttet es auf den Tisch) Da! denn nimm mien ok man glieks!

Elsabe: Hugo kennt mi ja, ick will bloss sien best! (kommt an den Tisch und steckt das Geld alles lose in die Tasche). Dat 's mien, dat kann ick nahher

Erster Akt.

wegleggen. — Hest Du denn Mudder dit Monat all wat bröcht?

Willem: Verdammi! nee, dat hew ick ganz vergeeten! So wenig Ciet hew ick mi in Hambog laten. Ick bin man so von ein' to 'n annern stört, dat mien Gedanken dorop gornich kamen sind. Dat möt wi mit de Post schicken, hüt noch!

Hugo: Denn schick von mi man ok tein Mark mit, is ja Geld genog in de Schuw. Ick hew ja denn ganzen Sommer nichs brukt.

Elsabe: — Nee — nee — Dien par Groschen...

Willem: Nee, dat süst ok man ruhig sien laten, se is da bie Lisbeth, arbeit noch immer wie freuher veel to veel! De kann ehr woll to eeten geben. Un dat beeten Tüch, dat s' brukt, kann s' sick för de twindig Mark woll köpen. Un wat brukt se wieder?

Hugo: — 'n Kleinigkeit möst aber doch woll mit-schicken, sünst is't bie Mudder nich drapen. Se sport 't ja man för mi op, seggt se.

Elsabe: Ick spor 't ja ok för Di.

Hugo (sieht tief über die Tasse gebeugt, nachdenk-lich hinein).

Willem (zupft Elsabe am Arm und blinzt ihr zu). — Na ja, fief Mark kannst ja mitschicken, süht beeder ut. Die nächste Reis' hest dat villicht all mehr verdeint. (Macht Handbewegung zu seiner Frau, die sagen soll: Ich werd es schon so einrichten.)

(Eine Weile trinken alle stumm Kaffee.)

Willem: Verdammi! dat will ok garnich rutschen. Dat dröge Brot so rinntoquausen . . .

Elsabe: Na, du seute Mann, ick hol di wat.

Hugo (steht auf): Ick will eben hengahn.

Elsabe: Warum? Kann ick ja ok.

Hugo (immer ohne einen anzusehen): Lat mi man hengahn.

Elsabe (sieht ihn scharf an). Hugo! kiek mi mal an!

Willem (schüttelt den Kopf und winkt mit der Hand ab, dass sie es lasse).

Elsabe (fasst Hugo unters Kinn): Kiek mi mal an!

Hugo (da sie seinen Kopf hebt und so ihn zwingt, sie anzusehen, macht er sich endlich lachend los): Wat denn? Watt sall ick denn?

Elsabe: Nu is got. Ich dacht all, du künnst nich mehr lachen. (gibt ihm Geld) Hier! bring aber nich sonn' Schund, 'n beeten wat Gots.

Hugo (zur Tür).

Elsabe (ruft ihm nach): Bring denn Lütten mit. (Hugo ab).

Willem: Dat is em doch 'n beeten in 'e Kron trocken.

Elsabe: Du harst em dat Geld man leiber nich erst geben süllt.

Willem: Ick hew dor mit kein Silw an dacht. Ick wull em 'n Freud maken.

Elsabe. De will behandelt sien, wie 'n rohes Ei. Dat ick grad disse Bäuker so gern les, dat is ok man mehr för em, als for mi. Ick les leidenschaftlich gern,

Erster Akt.

noch immer, aber ick würd doch teinmal leiber Romanen lesen as dit. Wenn ick em hierut wat vertell, denn kann he Stünn' lang tohörn un denkt an kein Wirtschaft.

Willem: Du harst doch ok Kauken op 'n Disch hem künnt, he mach s' doch ok gern.

Elsabe: Ick hew em ja denn ganzen Dag man öber 't Meer wat erklärn möst. Nich mal Middag hew ick makt. He hett för uns 'n beeten Biefstekhack brad, während ick de Lütt stillt hew.

Willem: Ja, 't is gediegen. Hier kann he alles un deiht alles, un bie Mutter nichs, kein Stünn könnt de Beiden sick verdrägen.

Elsabe: Ick weit nich, he kann doran nich schuld sien. Dat halbe Johr, sietdem he nu bie uns is, hett he doch noch kein Fotschritt in 'e Wirtschaft sett. He vergett dat immer mehr. Ick hew gar kein Bang' mehr för em, man möt em bloss to nehmen weiten.

Willem: Na, na! — Ssst! da kummt he! (Hugo, Lütt-Hein an der Hand, kommt herein.)

Elsabe (steht auf): Junge, hest Du di swat makt, du sühst ja ut, wie sonn' Sotje (nimmt Lütt-Hein bei der Hand und will mit ihm links ab.)

Willem: Lat doch man erst; lat em man erst Kaffee drinken.

Elsabe: So swatt wie he is?

Willem: Dat makt ja nichs, dat is da all bi öber.

Elsabe: Denn mienwegen (hebt ihn auf den hintersten Stuhl.)

Willem: He kann doch sünst nich de Tit afteuben, wat? (gibt ihm ein Stück Kuchen) Sonn' Stück Kauken is Dien Leben, wat?

Lütt-Hein (vergnügt kauend): — Hm — — ja —

Hugo: De Damper sitt mal weder fast int Lock. He wull hier baben ant Stack anleggen, aber mien leibe Wried hett sick doch 'n Happen verrekend.

Willem: Verdammi! Is de denn all ünn'?

Hugo: Mit de Ebb'.

Willem: Un de Wind möt sick wat dreiht hem. Ja, denn is uns „Kurrier" gross da. (lacht) Denn holt he de grote „Harmonie" meist in. Na, hüt is de ok kein ganze Stün' ehr affohrt.

Hugo (ebenfalls lachend): Ja, de „Harmonie" is nich slecht, aber de „Kurrier" is 'n olln Paddelkasten.

Elsabe (hat allen Kaffee eingegossen und für Lütt-Hein einen bunten Becher aus dem Schrank geholt): So, nu drinkt nochmal. Hugo, eet Kauken (schiebt ihm die Tüte hin, die sie zuvor aufgerissen hat) da! lat Di nich lang nödigen. Griep to! un wenn't 'n Daler kost! (setzt sich, trinkt und liest dabei).

Hugo: Ick hew eingtlich garkein rechten Hunger mehr.

Willem: Na nimm man.

Hugo: Wenn't nich anners geiht. (nimmt)

(Alle essen und trinken eine Weile.)

Willem: Kiek, buten gahn doch all Fremde, denn möt de Damper doch glieks loskamen sien.

Erster Akt.

Hugo: Ja, he seet ja nich hoch; hier gliek nerden bie 't Blinkfür.

Elsabe (sieht auch hinaus, wo noch ab und zu eine Gestalt vorüber geht): Da möten ja ornlich welche mitkamen sien.

Willem (lächelnd): Ja, ornlich welche! Wenigstens vier sind all vorbie gahn.

Elsabe (wieder trinkend): Na, dat 's för Finkenwarder doch all 'n ganzen Barg.

Hugo: Oder noch 'n beeten weniger, (trinkt den Rest Kaffee aus) So! (steht auf) Ick will man all anfangen intosürn, dat wie to hüt abend ornlich Ossenoogen hebt. (geht an den Schrank).

Willem: Ja! mak s' man recht got. Könnt wie da nich 'n por Appel insnieden?

Hugo (hat den Schrank geöffnet, sucht Tüten hervor): Ohne Appel smeckt 't ja veel beeder.

Elsabe (hat fertig getrunken, alles beiseite geschoben und liest). Ach, denn möst ik erst welche holn laten. Appel to 'n Grog, denk ick, smeckt nich.

Willem: Dat 's ja weder wohr. Denn mak so!

Elsabe: Hugo, wat söchst denn so lang, hier gliek links möt de Mehltüt stahn.

Hugo: So, hier. (nimmt eine Tüte hervor) Wat is denn da in, dat feult sick ja so komisch an (öffnet sie). So, Plumm' (steckt eine in den Mund, stellt die Tüte wieder zurück).

Elsabe: Hest denn noch nich? Da möt doch noch Mehl . . . (ist aufgestanden, nach links herum, dass sie das Gesicht dem Fenster zukehrt, sieht dabei die alte Frau Mews und Lisbeth über den Deich kommen; erschrickt heftig, greift mit der Linken nach der Stuhllehne, mit der Rechten an die Brust). Da is Mudder!

Willem: Wahrraftig! Un deshalb erschreckst Du so?

Elsabe (sich langsam erholend): — Ick weit selbst nich — dat fohrt mi ok op einmol so dörch —

Hugo (ist zugesprungen): Nanu? Di fehlt doch nichs? (Frau Mews und Lisbeth treten ein).

Elsabe: Nee! (ihnen entgegen) Goden Dag! Goden Dag ok! Ji hebt juch ja lang nich blicken laten.

Mudder (lächelnd): Ja, nich? Uns geiht meist wi Di.

Elsabe (fühlt den Stich, kleinlaut): — Ick . . . ick hew doch de beiden Kinner.

Mudder (mit einer wegwerfenden Handbewegung, aber immer lächelnd): Ick hew acht hatt un doch dagdäglich datwischen rut möst.

Lisbeth (reicht Elsabe die Hand): Gut, wenn mans nicht nötig hat. 'Tag, Elsbe! (sprechen zusammen).

Willem (ruft): 'n Dag, Mudder! Letst Du Di ok mal weder bi uns sehn?

Mudder (kommt an den Tisch): Ich mutt ja, wenn s' mi annerswo rutsmieten dauhn. Goden Dag!

Lisbeth: Da! dat wär för mi.

Mudder (sich die Bänder ihres Hutes losbindend). Wat makst Du denn dor, Hugo? Kannst nich goden Dag seggen?

Hugo: Ick mak nichs.

Erster Akt.

Willem (schiebt seinen Rock mehr auf die Seite und rückt weiter nach vorn): Kumm, sett Di hierher.

Lisbeth (mit Elsabe an den Tisch kommend, ulkig): Guten Tag, meine Herren! Ei! sogar Kauken! da will ick mi gliek öber her maken. (nimmt einen und isst, setzt sich).

Mudder: Ja, wenn 't nichs kost!

Lisbeth (isst): Stimmt! schmecken aber schön.

Elsabe: Mi zittert noch de Bein', so hew ik mi erschrocken.

Mudder: Wat? Öber mi doch nich?

Willem: Ja, as 's di to seihn kreg.

Mudder (sieht fragend von Willem auf Elsabe und umgekehrt — ausnahmsweise nicht lächelnd): Öber mi hett se sick erschrocken? Dat kann ick nich verstahn.

Lisbeth: Da, hahaha! Sowas dürft ihr nicht sagen (nachahmend) öber mi erschrocken? (schüttelt sich) O Gott! o Gott! o Gott! o Gott!

Willem: Na, Mudder, wat is denn da bie? Se kunn 't nich faten, dat Du op einmal hier wärst. Na, un da hett se sick erschrocken! Wat is denn ok dorbie?! Nu sett Di doch man.

Mudder: Dat is ja 'n schönen Empfang! Wat süll denn dat to bedüden hem, öber mi erschrocken! Ick hew Di doch nichs dahn.

Lisbeth: Hahaha!

Mudder (bindet sich die Hutbänder wieder zu): Denn bruk ik denn Hot jo gornich erst aftonehmen. Dat hett ok wat to bedüden.

Hugo (am Schrank, schüttelt den Kopf): Immer noch datselbe.

Elsabe (ohne die Sache ganz zu begreifen): Da wär doch gar nichts Böses bie dacht. Ich hew doch man seggt, wat wahr is.

Lisbeth. Mudder denkt sich bei allem was Böses. (schiebt sie nach dem Sofa). Aber nu setz Dich doch endlich mal hin. Über Dich hat Elsbe sich nicht erschrocken, über mich! Ich bin das Schreckgespenst! — Nimm mal den Hut ab (reisst ihr die Bänder wieder auf). So, dann setz Dich auf 's Sofa und mach 'n recht freundliches Gesicht, Du kannst ja so schön lächeln.

Mudder (den Hut abnehmend): Is Di dat ok all weder to veel?

Lisbeth: Hahaha! Das hab ich ja nicht gesagt.

Mudder (reicht Elsabe den Hut): Hier, nimm mal denn Hot — nee, binn' fat an, möst da 'n beeten ornlich mit umgahn. Sett 'n opt Bett.

Lisbeth: Denn nimm meinen man auch gleich mit. (gibt ihren Hut Elsabe, setzt sich).

Willem: Hier man her, Mudder, hier sett Di her!

Mudder (hebt seinen Rock auf): Wat is denn dat hier?

Elsabe: Willem sien Rock, denn hett he sick eben uttrocken.

Mudder (lächelnd): Un denn hängst Du em nich glick weg?

Elsabe (wie geschlagen, stotternd): — Nee... ick... ick hew man erst...

Erster Akt.

Mudder (reicht ihn ihr): Nee, da giwt 't garkein Entschuldigung; sowat möt immer glick an 'n Sied bröcht warden. (setzt sich.)

Willem (der es auch gefühlt): Dat har ja Tiets genaug, Mudder, wie öberielt uns hier nich.

Elsabe (ganz verwirrt, läuft mit den Sachen links ab).

Hugo (bringt Tassen für Lisbeth und Mudder): Ja, wenn de Mudder kümmt, möt alls in Ornung sien.

Mudder: Det hört sick ok so. Wat dohn denn hier de Bäuker op 'n Disch? mitten mang dat Kaffeegeschirr?

Willem: Dor hew ick eben 'n beeten in leest. (nimmt sie und stellt sie aufs Bücherbrett neben dem Sofa).

Mudder: Denn hest Du Die bannig ännert.

Lisbeth: Tag, mein Hugo! Wir haben uns ja noch garnich guten Tag gesagt.

Hugo: Dag! Gehlgoos, du sprickst jawoll bald bloss noch gehl. Wie geiht 't denn Dien Mann; kickt he noch immer so?

Lisbeth: Eigentlich soll ich Dir sagen, Du sollst bald mal hinkommen, er will mal wieder mit dir durchgehen. Aber nu, dass Mudder hier bleibt, komm man nich, denn ich bleib doch nich allein zu Haus.

Willem: So, Mudder bliwt hier?

Mudder: Wenn Di 't nich angenehm is, kann ick ok weder gahn. — Na un Du Lütt-Hinnik! (lacht mit dem Kleinen, der immer drauf los kaut) Di geiht dat woll gornichs an, wenn Dien Grossmutter hier bie Di kummt, wenn Du man Kauken hest. Nu gew mi erst mal schön de Hand, segg goden Dag!

Lütt-Hein (schlägt in ihre Hand): Goden Dag!

Elsabe (kommt zurück, ganz kopflos, rennt an den Tisch, dann wieder an den Schrank): . . Ach, Du hest woll all Tassen . . . ?

Mudder: Aber Junge! wat hest Du för swatte Hann'! Man mag Di ja gornich anfaten (nimmt ihm den Kuchen aus der Hand) Un öber 't ganze Gesicht. (lacht) Du sühst ja ut wie sonn' Neger (hebt ihn vom Stuhl und schiebt ihn Elsbe zu). Erst lat Di mal von Dien Mudder ornlich afwaschen, denn kannst wieder eeten.

Elsabe (steht, staunt, weiss nicht, was sie sagen soll).

Willem: Elsbe wull 'n ja glieks waschen, aber ick hew seggt, se süllt 't nahlaten, de Jung künn 't ja nich mehr afteuben.

Elsabe (läuft mit Lütt-Hein ab).

Mudder: Daför möt de Fru sorgen, da kann de Mann seggen, wat he will. Hew ick juch woll einmal so an' Disch gahn laten?

Willem: Dat weit ick nich mehr. Wi hebt ok woll mal mit swatte Hann' 'n Kauken eeten.

Mudder: Aber man nich, dat ick 't seihn hew.

Lisbeth: Schluss! Anderes Thema! (isst und trinkt).

Hugo (arbeitet am Schrank, hat die Mehltüte gefunden, das Mehl in eine braune Schüssel getan, drei Eier eingeschlagen und mit Milch angerührt).

Erster Akt.

Mudder (lacht): Statt wat mittobringen, wenn s' op Beseuk kummt, frett se hier alls op.

Lisbeth: Ich will nichts geschenkt haben, ich kann 's ja bezahlen. (schlägt sich selbst auf den Mund) Schwapp! Schweigen! (steht auf und hält ihrer Mutter die Tüte Kuchen vor) darf ich dir ein Stück anbieten? Kostet nichts!

Mudder: Sünst würd'st Du ok nich so freeten.

Hugo: Na, hier geiht jawoll ok all los.

Mudder (zu ihm): Hest Du denn ok wat to seggen? Du drückst Di ja in 'e Ecken rum, as wenn wat op 'n Gewissen harst.

Hugo (stellt die Schüssel hin, geht wütend mit langen langsamen Schritten auf Mudder zu, sie starr ansehend): — Wat? — Wat? Hest Du Dien grotes Mul immer noch nich stoppt? Wat sall ick denn all weder ...

Willem: Psssst! Hugo! do mi 'n Gefalln!

Hugo: Is ja wohr! (geht wieder an den Schrank.)

Mudder: Du würdst mi ja am leiwsten unner de Erd seihn.

Hugo: Ja! Wenn denn man Dien Mul holln wust!

Mudder: Süh, so sind de Kinner! (dem Weinen nahe) Wenn s' de Öllern nich mehr bruken, willn s' se am leiwsten an 'e Sied schanzen.

Lisbeth: Mudder, Du bist aber auch mit ihm angefangen.

Elsabe (kommt zurück, ängstlich und verwirrt von einem Gegenstand zum andern laufend und dies oder das in Ordnung bringend).

Mudder (trocknet sich mit ihrem Taschentuch das ganze Gesicht ab): — Nu? Wo is denn de Jung?

Elsabe: — Slöpt 'n beeten — he wär so meud — hett denn ganzen Dag rumlopen.

Lisbeth (hat Elsabe beim ersten Wort gross angesehn, kneift die Augen zu, trinkt den Rest Kaffee, wischt sich den Mund): — Mudder, mir wär 's am liebsten, Du gings wieder mit.

Mudder: Du bist doch woll bang, dat Dien Arbeit nich allein ferdig kriegst?

Willem: Wat geiht uns dat an! Du bliwst hier; ick hew Di 't ja all lang seggt.

Lisbeth: Wir beiden verstehn uns doch noch am besten.

Mudder: So? Grad Du bist de Schuldige! mit Dien' Mann künn ick jahrlang tosam husen, ohn dat ein böses Wurt fallt.

Lisbeth: Na, na! — Aber hört erst mal zu, wie das gekommen ist. Mudder könnte durch ihr brockenweises Erzählen eine falsche Vorstellung aufkommen lassen.

Mudder: Hackt man all op juch Mudder rum.

Willem (klopft der Mudder auf den Rücken): Na, Du hest aber ok 'n breiden Puckel, da kann wat rop. Verdammi! ick mein doch . . .

Erster Akt.

Mudder: Hest Du Di dat grässliche Wurt noch immer nich afgeweunt? ‚Verdammi!' 'n scheussliches Wurt!

Lisbeth (lacht): Da! hast Dein Teil!

Mudder (zu Elsabe): Warum löpst Du denn da soveel rum un setst Di nich weder bie mi hen? Hew ick Di wat dahn? oder hest Du mi wat öbel nahmen?

Elsabe: — Nee — nee —

Mudder: Na, dat möst ok nich! Wenn ick ok mal sonn' Wort rutslag, bös is dat nich meint, as anner Lüd seggt.

Lisbeth (lachend): . . . . Anner Lüd — bin ich!

Mudder: Ick hew ok all soveel dörchmaken möst in mien Leben, erst mit mien Mann, denn . . . .

Willem (legt ihr die Hand auf den Rücken): Mudder! do mien 'n Gefalln un swieg still davon. Wi hebt datt all oft genog hört.

Mudder: So is recht! Verbeid Du Dien Mudder man dat Mul (faltet die Hände und sieht träumend zur Decke).

Lisbeth (sieht Willem an, lächelt — dann): Na, hört mal zu. Mein Mann sah ein, dass ich für Mudder tat, was ich konnte.

Mudder (immer zur Decke sehend, lächelt): Ja, law Di man.

Willem: Dat dot wi ja all gern, Mudder!

Mudder (sieht ihn eine Weile scharf an, dann wieder lächelnd zur Decke, spielt mit den Fingern).

Lisbeth (lacht endlich laut auf): Hahaha! der sitzt! — Also, als der Streit heute morgen wieder losging, da hat er Mudder in Ruhe gesagt, er fände es nicht nett, dass sie jedes Wort mit einer Stichelei beantworte. Da aber Mudder: ‚Ick bin Di woll toveel in' Hus! Kannst man grad rutseggen! Du wisst mi bloss lossien.' Na, nicht einmal bis heut nachmittag wollt sie warten: ‚Ick bettel nich um min Stück Brot! ick kann noch arbeiten! ick will ok noch arbeiten!'

Mudder: Will ick ok.

Willem: Sast Du ok! Aber düchtig!

Lisbeth: Na ja. Mein Mann denn ....

Mudder: Mein Mann! Mein Mann! Is 'n olln schönen Mann, de sien Fru fragt, wenn he mal utgahn will.

Lisbeth: Das is grade nett von ihm.

Willem (sehr wichtig zu Lisbeth): Dat mark Di! Wenn de Mann fragt, denn is he gorkein Mann! und fragt he nich, denn döcht he nichs!

Mudder (liest lebhaft die Krumen von ihrem Schoss auf und zerbeisst sie): Ja, nu hackt man ob mi rum, dat is ja von jeher all so west.

Willem: Nanu!

Lisbeth: Na, da haben wir denn Hals über Kopf die Sachen gepackt und ...

Mudder (steht auf): Swieg doch still mit Dien olle dumme Lögengeschichten. Mein Mann hinn'n! un mein Mann vör! Ick bin ja nich mehr dabie. — Gott sie Dank! warst Du seggen.

Erster Akt.

Hugo (rührt noch immer in der Schüssel): Se kann ok seggen: denn Dübel sie Dank!

Willem (schlägt mit dem Finger auf den Tisch): Lat dat!

Elsabe: Hugo!

Lisbeth (dreht sich zu ihm um).

Mudder: Ach ja! Em mak't immer Freud, wenn he sien Mudder weihdauhn kann!

Hugo (wirft den Löffel in die Schüssel): Nu, von ein von min Öllern möt ick dat doch hem.

Willem: Denn lat dat doch, da kümmt nichs na rut.

Mudder: Von mi hest Du dat gewiss nich! Ick segg kein' Minschen wat to Leed. Noch jederein hett sick mit mi verdragen künnt.

Hugo: Nu ward 't snein!

Mudder: Du sust man leiber nah mien Saken seihn. — Wat hett he da denn eingtlich makt?

Willem: Wi wulln 'n poo Ossenoogen backen to hüt abend.

Mudder (nimmt sich ihren guten Überrock bis über die Brust hoch): Gew mi mal 'n Schort. Ick will di Ossenoogen backen, da kannst de Finger nah liggen.

Elsabe: — Lat doch — ick will 't woll dohn.

Mudder: Ach Du versteihst dat doch nich so. (macht sich die Ärmel hoch) Gew mi doch man 'n Schort her und stah nich un kiek.

Hugo: Nu geiht' los! (lacht bitter, nimmt seinen Hut, der bei der Tür hängt) Nu geiht' los! (ab)

Mudder (will ihm nach): Hugo! Hugo! wo wullt Du hen!

Willem (springt auf und hält sie zurück): Lat dat! Du möst em da nich immer an erinnern!

Mudder: He geiht doch nich in 'e Wirtschaft?

Willem: Nee, he süht nah Dien Saken.

Mudder (geht zum Schrank): Hest Du denn öberhaupt kein Schort rein, oder warum giwst Du mi kein?

Vorhang.

Zweiter Akt

Zweiter Akt.

Szene wie erster Akt.

Als der Vorhang aufgeht, sitzen alle um den Kaffeetisch mit Ausnahme Lisbeths. Auf dem Sofa Willem und Lütt-Hein, Mudder links, Elsabe vorn, den Rücken zum Publikum, Hugo hinten.

Hugo (steht auf, nimmt seinen Hut vom Nagel).

Mudder: Na? all weder weg? Du hast den ganzen Dag noch nich 'n Wurt spraken.

Hugo (setzt sich den Hut auf): Du spreckst desto mehr.

Mudder: Du hest mi weihdahn gestern!

Hugo: Du mi nich!

Mudder (steht auf): Ick? Hew ick Di wat seggt? Nich 'n Silw!

Elsabe (steht ebenfalls schnell auf, stellt die Tassen zusammen, räumt ab. Alles schnell, damit Mudder ihr nicht zuvorkomme).

Mudder (zu Elsabe): Lat man, dat kann ick glieks.

Elsabe (lässt sich dadurch nicht abhalten).

Mudder (zu Hugo): Ick bin mi nichs Slechtes bewusst. Watt hew ick Di denn unwürliches seggt? He? Segg mi dat mal.

Hugo: To mi kannst Du seggen, wat Du wullt.

Mudder: Na, wat wist denn noch?

Hugo: Aber to anner Lüd.

Mudder: Wat gahn Di anner Lüd an?!

Willem (zu Lütt=Hein): So, nu kannst weder rutgahn und speeln. (setzt ihn auf die Erde.) To.

Hugo: Mi best all hart makt (setzt sich seinen Hut auf), aber anner Lüd kennt Di nich.

Lütt=Hein (läuft zu ihm): Hugo=Unkel! Du wusst mi 'n Blas' maken.

Hugo: Kumm mit.

Willem: Lütt=Hein! dat Du Di aber nich unnersteihst un geihst hüt abend mit de annern Jungs to 'n Martensingen! Dat Betteln in 'e Hüs' will ik nich hem! Hest 't hürt?

Mudder: Ganz recht. Sowat kann ick op 'n Dod nich lieden. För de Jungs is doch man dat Betteln de Hauptsaak.

Hugo: Ja! Du wist woll watt doran rutfind'n. Lat de Kinner sick doch ok mal amüsiern, wenn 't jem Spass makt. Dat is doch man Kinnerkram.

Mudder: He sall aber nich mitgahn, hett sien Vader seggt! und dat is recht so!

Hugo (den Kleinen an der Hand, brummend ab): Ach Du — wat wut Du — (ab)

Willem (ihnen nachrufend): Nee, Hugo, snak em nichs vör.

Mudder: Wenn de Jung doch mitgeiht, möt he so lang Släg hem, as 'n sick rögen kann.

Willem (stopft sich eine kurze Pfeife): Ach, he ward all nich. — He weit ja nu Bescheid. — För uns ward nu ok bald Tiet. (steht auf).

Zweiter Akt.

Elsabe (immer bei der Arbeit, wäscht Tassen ab): Möt ji all weg? Un denn hett Hugo nich mal atüs seggt?

Mudder: Ick hew 't woll markt: em is 't nich recht, dat sien Mudder hier is.

Willem (rakt den vorbeigefallenen Tabak sauber vom Tisch): Dat bild'st Du Di bloss in! Du künnst em ja ok 'n bitten fründlicher entgegen kamen.

Elsabe: Du möst em dat nich immer glieks so marken laten. He drinkt nich mehr. He is in halbes Jahr nich in Gasthus west.

Willem: He sitt bloss hier un lett sick von Elsbe wat ut de Bäuker vertelln.

Mudder: All denn olln unnützen Kram. Elsbe het ok beeteres to dohn. De Koppkissen von de Lütt sind slecht dör oll dat Spucken. Bettdäuker möten umneiht warden. Ick hew von morgen all soveel ut de Ecken rut söcht, da warden wi in' halw Jahr nich mit ferdig. De Neihmaschin wär ja all ganz inrust, de. is woll in' Jahr nich brukt. Hest Du garnich bemarkt? Kannst Du Di dorbie woll feuln? di hew ick doch nich so opertrocken.

Willem (geht an den Herd und zündet sich die Pfeife an): Ja, ick hew mi wollfeult — bit jetzt (raucht an), un hoffentlich bliwt 't so. Op 'n Handfull mehr Ornung kummt 't ja nich an — wenn Minschen man sünst verdräglich sind.

Mudder: Na, ick kann mi doch mit jeden Minschen verdragen un will mi woll heuden ein Wurt to veel to seggen.

Willem (hoch atmend): Ach ja — — (geht zu Elsabe, die hastig die Tassen abgewaschen hat und bei den Worten der Mudder sie wiederholt zornig angesehn, ohne ein Wort zu sagen). Na, wat seggst Du denn? (raucht) Hm?

Elsabe (ärgerlich): Ick war ja nich fragt.

Willem (versucht es ins Lächerliche zu drehen): Nu, ick frag di doch.

Mudder (wischt mit der Schürze den Tisch ab): So is dat junge Volk hütesdags, immer glieks beleidigt. Gott, wo süht dat Wachsdauk ut, dat möt mal ornlich afseipt warden. Ja, ick möt hier mal bie, von Grund ob. (holt den Besen und fegt aus.)

Willem (bei Elsabe, zeigt unter ihr Kinn, kitzelt sie, lächelnd): Wat hest denn dor?

Elsabe (schlägt ihm auf die Hand): Findst Du ok all wat?

Willem: Na, na, so hew ick dat nich meint — (saugt mächtig an seiner Pfeife, wendet sich) Na, denn nützt dat nichs. Mudder, Du süst dat doch man leiber nahlaten. Kannst ja öber'n Diek spaziern gahn. Deiht Di god.

Mudder (rückt das Sofa von der Wand ab): Wi könnt hier doch nich in Schiet verkamen!

Elsabe (kann sich kaum noch halten): Nu ward 't aber bald to dull!

Willem (sieht von einem auf den andern, raucht).

Mudder: Na, dat Sofa is ok nich von de Wand weest, so lang ji hier wahnt.

Zweiter Akt.

Elsabe (stellt die Cassen in den Schrank): Deshalb brukt wi hier doch noch nich in Schiet to verkamen!!

Mudder: Nu, nu! Ick denk, dat möt Di freun, wenn ick di helpen do.

Elsabe: För sonn' Hülp dank ick! — — hm (fast weinend) in Schiet verkamen!

Mudder: Nu, wenn ick ok mal sonn' Wurt rutsla, so genau möst dat nich op de Wagschal leggen. Ick hew mi da gewiss nichs bie dacht (wundert sich).

Willem: Na, dat harst nich grad seggen brukt. (zu Elsabe) Aber so slimm kann 'ck dat ok nich finn'. (Wendet sich zum gehen) Na, ja — för mi ward 't Ciet; de Oogen ward ji juch jawoll nich utkratzen.

Mudder: An mi liggt gewiss nich! Ick do 'n Minschen to gefalln, wat ick kann.

Willem (reicht Elsabe die Hand): Atüs, Elsbe! — sall 'ck kein hem?

Elsabe (reicht ihm flüchtig die Hand, sieht zur Mutter hinüber) 'tüs — gah man!

Willem: Na, jä — wenn Du wullt — dat is ok dat erste Mal. (geht zur Mudder) Atüs Mudder!

Mudder (reicht ihm die Hand): Atüs mien Willem, glückliche Reis'.

Willem: Willn wi hoffen! (sieht sich nochmal nach Elsabe um) Na atüs! (ab.)

Elsabe (hastig am Schrank beschäftigt): — — Dat ward ja all düster; hett he ok ... Willem! (läuft zur Cür hinaus und läuft ihm nach) Willem! Willem!

Mudder: Rop em nich trüch, Deern! (rückt das Sofa wieder heran) Hm! dat hett ok wat op sick. Wie de Kinner kalben de sick noch rum.

Elsabe (kommt zurück, ruhig, geht wieder an den Schrank, wischt sich heimlich mit dem Handrücken über den Mund; ist völlig verändert): He har doch welche.

Mudder. Wat denn? Wat süll he denn vergeeten hem?

Elsabe (obenhin): Striekhöller — 't ward all düster — möt ja glieks Licht ansticken.

Mudder: Dat ward he doch von selbst weeten. Du harst em nich trüchropen möst, dat bedüd nichs Gots.

Elsabe (ist am Schrank fertig): Ah, Heuhnergloben! Un he is ja nich trüch kamen, ick bin em ja nahlopen. So Mudder, nu gew mi man denn Bessen. Du sett Di man wedder an de Maschin.

Mudder: Da hier! (gibt ihr den Besen) Dien Neihn is ok nichs! Du kannst ja nich mal 'n grade Naht neihn! Dat hett Hugo all künnt, da ging he noch in 'n School.

Elsabe: To 'n Neihn hew ik ni rechte Lust hatt, hew ick ok noch nich.

Mudder: Dat is slimm (geht an die Nähmaschine; setzt sich eine Brille auf). Mi will man de Hugo nich ut 'n Kopp, gläuwst Du nich, dat he noch heimlich drinkt?

Elsabe: Nee! nee! Um Gottswilln, Mudder! Wie kannst Du sowat glöben?!

Zweiter Akt.

Mudder (setzt sich, kantet Leinenzeug mit dem Fingerhut auf der Platte der Nähmaschine um): — Ach, ja! — Ick hew all wat dörchmakt mit denn Jung. Mit achtein Jahr sät he mitten mang de ollen Süpers un drünk hart! Wenn Gott mi bloss davör bewahrn wull — ick weit, wat ick mit mien Mann uttostahn har. — Un sonn' jungen Bengel all, Nacht vor Nacht güng he dörch, un morgens künn he kum op all vieren de Treppen hochklaspern. — Nee, nee, nee, wat hew ick ok all dörchmakt.

Elsabe (den Schmutz auffegend): Ja, Mudder, dat hest ja all soveel mal vertellt.

Mudder: Dat kann ich Di garnich vertelln, wie ick hew lieden möst!

Elsabe: Möst bloss Hugo dat nich so feuln laten, he is 'n ganz goden Jung.

Mudder: Dat wär he sien ganze Schooljahre hendörch ... (nimmt plötzlich die Brille ab und steht auf). Nee, ohne Licht will 't doch nich mehr gahn.

Elsabe: Ick steek Di de Lamp an, teuw. (Sie schüttet den Schmutz in den Kohleneimer, hängt Schaufel und Besen hinterm Schrank auf).

Mudder (nimmt die Lampe von der Kommode, setzt sie auf die Maschine): Dat kann ik ja ok. (nimmt die Kuppel ab, will sie neben die Lampe setzen, verfehlts aber und lässt sie zu Boden fallen). Ah! dat is argerlich! de schöne Kuppel! dat argert mi!

Elsabe (sammelt die Scherben auf): Mudder, dat

is ja nich so slimm, dorum brukst Du Di nich to argern; kost man sössdig Penn'.

Mudder: Man sössdig Penn', seggst Du, un dat so gliekgüldig! Wo manch einer möt för sössdig Penn' Middag kaken för de ganze Familie! Du weisst öberhaupt noch nich, wat Geld von Wert hett. So is dat ok mit denn düren Kinnerwagen, dat har nich nödig dahn! In' Waschkorw sind mien Kinner grot worden, un wat för rojalsche Kerls! Se hebbt wat in' Liew un wat in' Kopp! Kein Minsch kann mien Kinner wat nahseggen!

Elsabe (hört absichtlich nicht darauf; fegt den Rest Scherben auf, steckt dann die Lampe an): — Nu möt dat ohne Kuppel gahn. Wenn Lütt-Hein kümmt, kann he eben hengahn.

Mudder: Denn Lütten möst Du ok veel strenger nehmen. De Jung ward all to drauk (setzt sich wieder die Brille auf) Ohne n' Kuppel blendt't dat doch 'n beeten — na lat man (setzt sich und nimmt das Zeug vor). Künn denn de Jung nu nich kamen? Wenn't düster ward, hürt Kinner nich mehr op Strat. (schurrt mit dem Fuss). Wat liggt denn da? (hebt es auf) Noch Stück von' Kuppel, so schön hest Du utfegt. Dat geiht alles so Larifari bie Di, as wenn 't nichs is. (steht auf und wirft es in den Kohleneimer).

Elsabe (hat alles schnell ein bischen in Ordnung gebracht und nimmt ein Buch vom Bort). Dat nächste Mal will ick 't beeder maken, Mudder.

Zweiter Akt.

Mudder: All weder bie de verdreihten Bäuker? Ick hew mi in mien ganzes Leben nich ein Minut Ciet laten to 'n lesen. Dat 's wat för Klatschwieber, de nich weeten, wo s' mit ehr Ciet hen söln. Wi hebbt doch wahrraftigen Gott soveel to dohn! Nimm mal 'n Stricktüch vör un strick Dien Mann 'n por deftige Winterstrümp, de em bet nah de Lend' rop gat. De Winter steiht vör Dör, un he hett kein por heile Strümp antotrecken. (setzt sich wieder, arbeitet.)

Elsabe (hat sich aufs Sofa gesetzt und oberflächlich in dem Buch geblättert): He hett noch 'n ganzen Barg Strümp, Mudder, Du hest se man noch nich fundn.

Mudder (nimmt die Brille ab, wendet sich lebhaft zu ihr um): So?! Wo lingn de denn? Mi dücht, ick hew doch all alls nahseihn.

Elsabe: De lingn baben op denn groten Schrank in sonn' olle Hotschachtel. Wenigstens söss Por.

Mudder (legt die Brille hin, steht auf): Dat hest recht, da baben hew ick noch nich toseihn. Da möt ick doch gliek mal bie, villicht ligt da noch mehr. (will links ab.)

Elsabe: Lat doch jetzt, Mudder. Da möst an Dag bie, jetzt kannst ja doch nichs seihn.

Mudder (setzt sich wieder, nimmt die Brille auf): Dat is ok wahr. Aber dat sall morgen fröh dat erste sien! Help mi daran denken! (arbeitet). Du kannst doch da ok nichs mehr seihn ohne Lamp, denn smiet doch dat oll Bok in 'n Eck! Is ja grässlich, sowat antoseihn.

Du speelst doch man rum, do wat! Un stehl nich so 'n leiben Gott de Ciet af. — Seih doch mal to, ob sick de Lütt nich all weder natt makt hett. Erst leg se so wie sonn' Kaldutsch. Ick weit nich, wie Du . . . (horcht)

(Ganz in der Ferne hört man die Kinder auf die Schweinsblasen schlagen und dazu das Lied singen: Der Gen'ral Werder hat einmal zum Tanze aufgespielt . . .)

Mudder: Hörst Du: da sind s' all! un ick will mien Kopp missen, wenn de Lütt-Hein nich dorbie is. De Jung hört op nichs, wat em verbaden ward. Herrgott! wie wärn min Jungs daför, de sprüng' dreimal to, ehr Du ein Wurt seggt harst. Jeder har se leiw, dat lewt un lacht all!

Elsabe (stellt das Buch hin — die letzten Worte sind ihr doch etwas an die Leber gegangen): De Lütt-Hein is ok nich unardiger as alle Kinner. — Du hest mi doch ok all vertellt, dat Willem as sonn' lütten Jung kum denn Mund apen dohn deh, un jeden Dag har he sien Tüch terreten. (das Singen verstummt.)

Mudder (nimmt die Brille ab und wendet sich zu ihr; ernst): Du wist mi woll faten? Dat lat Di man nich an' Sinn sien.

Elsabe: Ick will Di nich faten, ick segg bloss, wat Du seggst hest. Du letst nichs op Dien Kinner kamen, un ick ok nich! De eigen sind immer de besten!

Zweiter Akt.

Mudder (wieder lächelnd wie immer, setzt sich die Brille auf, arbeitet): Ja, Du hest recht, ehr Fehler hewt se all hatt. — (horcht) Hörst Du nu? alles still; nu sind se in' Hus ringahn un betteln! Dat verdammte Betteln, dat kann ick op 'n Dod nich utstahn! Ick har doch nich leeden, dat ein von mien Kinner von Hus to Hus geiht un bettelt!! Leiber har ick s' int Wader smeeten un mi nah! Leinmal leiber dad as betteln!!

(Man hört die Kinder wieder, sie kommen näher.)

Mudder: Da sind s' all weder. (wirft die Brille hin und springt auf) Mi kribbelt dat so, dat ick nich wieder arbeiten kann. Hest Du denn kein Raut?

Elsabe (wischt Staub vom Bücherbrett, blättert dabei bald in dem einen, bald in dem andern Buch): Wat sall de denn?

Mudder: De Jung möt doch wat achter rop hem, dat he nich sitten kann.

Elsabe: Aber Mudder, Du weisst doch noch garnich, ob he dabie is. (Es ist wieder still.)

Mudder: Gewiss is he dabie! dat seggt mi mien Inneres. Un Du sast seihn, ick hew recht. Sien Vader hett em dat verbaden, un da möt sonn Jung hörn, op 't Wurt! Du sülst bloss mal seihn hem, wat mien Jungs för Schock harn vor 'n Olln; bloss mit de Oogen brukt he to plinken, denn schöten se all tosam. Un dat is immer, wat ick seggen do: för sien Vader möt de Jung Schock hem! Vör 'n Vader möt he in 'e Ecken krupen! Sünst ward kein Kerl ut em!

Elsabe (holt einen Stock vom Schrank): Wenn he da mang is, sall he sien Dracht kriegen, kannst Di to verlaten! (legt den Stock auf den Tisch) Se sind jetzt bie Nachbar Wried, da möten se gliek weder rut kamen. Aber ik glöwt noch nich.

Mudder: He will Di 't woll wiesen, Dien Söhn. He kriegt langs nich genog mit 'n Schacht. Wie kann de Jung op Betteln gahn, wenn sien Vader em dat verbaden hett!

(Die Kinder singen wieder, sind jetzt sehr nahe und kommen gleich von rechts über den Deich herein.)

Mudder: Da sind s'!

Elsabe (greift unwillkürlich zum Stock).

Kinder (voran Lütt-Hein, kommen singend herein. Die Jungen haben getrocknete Schweinsblasen, einige Erbsen darin, und schlagen damit gegen das rechte Knie. Die Mädchen haben brennende Papierlaternen; einige tragen die erhaltenen Geschenke in der Schürze, andere haben, wie sämtliche Jungen, grosse Taschen oder Säcke um den Hals hängen. Alle singen):

Der Gen'ral Werder hat einmal zum Tanze aufgespielt.
Das war zur Zeit, als seinen Strauss er in dem Elsass hielt.
Da strich, da strich, da strich den grossen Brummbass er
So grob, so grob, so grob wie 'n keiner streicht.
Die Franzen walzten hin und her wie Werder hat gegeigt.
Die Franzen walzten hin und her wie Werder hat gegeigt.
Der Werder war ein Musikant,
Wie grösser keiner wird genannt!

Zweiter Akt.

Den Fiedelbogen hatte er bei Strassburg schon gewichst
Bei Belfort da probierte er, ob keine Saite knickst.
Und dann, und dann, und dann, dass er bein grossen Tanz
Nicht stockt, nicht stockt, nicht stockt und auch nicht hockt.
Dann schlug er dicht bei Mömpelgard mit Kolben deutschen
Takt,
Dann schlug er dicht bei Mömpelgard mit Kolben deutschen
Takt.
Der Werder war ein Musikant
Wie grösser keiner wird genannt!

Dass hier bei den Franzosen nicht gefiel die wilde
Tour,
Das kam daher, weil Werder kannte keine Partitur,
Das Stück, das Stück, sowie es Moltke sich zuvor
Zuvor, zuvor, zuvor hat ausgedacht,
Das hatte Gen'ral Werder nicht in Noten mitgebracht,
Das hatte Gen'ral Werder nicht in Noten mitgebracht.
Der Werder war ein Musikant
Wie grösser keiner wird genannt.

Lütt-Hein (lacht und macht dabei allerhand Grimassen, geht bis zum Tisch vor und schlägt mit aller Gewalt die Blase zum Takt auf den Tisch).

Elsabe (reisst ihn am Arm, droht mit dem Stock).

Mudder (wütend, versucht gegen den Lärm anzuschreien): Rut! rut! rut! rut hier!

Elsabe (hält sich die Ohren zu, läuft zum Schrank, hat Mühe ernst zu bleiben, sucht, greift endlich die

Cüte Pflaumen, eilt damit an den Tisch und schüttet sie darauf, alle Kinder stürzen sich darüber her).

Lütt-Hein (steckt eine Pflaume in den Mund und singt mit vollem Munde weiter, mit der Blase auf alle Gegenstände schlagend, sogar seiner Mutter gegen den Arm und den Rücken, auch die Grossmutter kriegt etwas ab).

Elsabe (lachend): Nich strieden! nich strieden! (gibt jedem einige Pflaumen) da! da! da! — Nu gaht!

Kinder (stecken die Pflaumen in die Schürzen oder Säcke, singen, lärmen lauter als zuvor, endlich ab).

Lütt-Hein (seine Blase schwingend, will wieder hinterdrein).

Mudder (stürzt auf ihn zu, reisst ihn zurück): Du bliwst hier!

Elsabe (nimmt ihn ihr ab, kniet vor ihm): Wer hett Di seggt, dat Du mitgahn sast?

Lütt-Hein: Hugo-Onkel.

Mudder: Slan! slan! sast Du em nu nich erst lang fragen!

Elsabe: He hett doch kein Schuld! Un 't wär doch Unsinn, Kinner-Kram.

Mudder (stürzt auf den Stock los): Sien Vader hett em dat verbaden .... gew em mi her!! (will ihn zu sich ziehen).

Elsabe (zitternd vor Erregung): Ick lied 't nich!! (drückt Hein mit dem linken Arm an sich und reisst Mudder mit der Rechten den Stock weg; ihn unters

Sofa schleudernd) Du hest em garnichs to slagen!! Öber mien Kinner gebeid ick noch!! Bloss ick!!

Mudder (fauchend, die Zähne zusammenbeissend): — So! — — So! Du höltst Dien Jung an to 'n betteln!! — So! — Dat will 'ck mien Söhn seggen!! (geht wütend an die Nähmaschine).

Elsabe (hat sich wieder auf die Kniee gelegt und drückt den Kleinen an sich): Segg wat Du wullt! Do wat Du wullt! Stell dat ganze Hus op 'n Kopp! Aber segg nichs öber mien Kinner!! — Op mien Kinner lat ick nichs kamen! un wenn 't mien Dod is!

Vorhang.

Dritter Akt

Dritter Akt.

Szene wie zuvor.

Spätnachmittag, es beginnt zu dunkeln. (Mudder sitzt an der Nähmaschine und näht. Elsabe sitzt am Tisch und stopft ein blaues Hemd.)

Lütt=Hein (kommt hereingestürzt; ein grösserer Junge folgt ihm): Mudder! Mudder! Papa is opkamen!

Beide Frauen (werfen ihre Arbeit hin).

Elsabe (steht auf; zu dem Jungen): Stimmt dat? Welche Nummer?

Junge: Ewer tweihunnertsossunsöbenzig.

Elsabe (zieht ihre Börse aus der Tasche): Ja! da hest ditmal twindig Penn.

Junge (steckt es erfreut ein und springt davon, Hein ihm nach).

Mudder (nimmt die Brille ab, steht auf): Denn willn wi man gliek 'n ornlich Abendbrot torecht maken. (geht an den Herd, rührt im Feuer herum) — Dat is ok weder wegsmeeten Geld — twindig Penn! Wenn he denn Groschen kriegt, de Satz is, denn hett he rieklich genog.

Elsabe (antwortet nichts; holt einen Korb mit Kartoffeln und einen Topf mit Wasser herbei; setzt sich wieder an den Tisch und schält. Alles eilig, innerlich froh).

Mudder (geht auf Elsabe zu): Dat Kantüffelschälln lat mi man, dat geiht mi doch veel sneller von de Hand.

Elsabe (bewegt abwehrend die Schultern, sagt aber nichts).

Mudder (sieht sie an, dann wieder zum Herd hinüber, geht einige Schritte dorthin, bleibt in der Mitte stehn, sieht sich wieder nach Elsabe um): Elsbe. —

Elsabe (schweigt).

Mudder: Hm (geht an den Herd, rührt im Feuer; wirft dann plötzlich den eisernen Feuerhaken polternd auf den Boden und geht an die Nähmaschine; nimmt die Brille, setzt sich) — Denn kann ick ja man weder an mien Arbeit gohn. — — Ick dacht recht, wi wulln Willem nichs davon marken laten. — 'n Mann hett so Unangenehmes genog.

Elsabe (kurz): He kummt ja nu, Dien Söhn! — kannst em ja man seggen, wat Du seggen wust!

Mudder: Un wenn ick mal sonn' Wurt rutstöten do, Du brukst dat nich glieks to wägen — Dat 's all man, um Unfreed int Hus to bringen. — (näht eine Weile auf der Maschine) — Du bist noch jung, Du must noch manches dahlslucken in Dien Leben. — Mit Absicht do ick kein' Minschen weih. — (näht, dem Weinen nahe) — Ick bin old — wat hew ick all alls dörchmaken möst — von acht Kinner sind fief in 'n Erd' — (wischt sich flink Tränen von den Wangen, immer dabei arbeitend; näht wieder eine Weile) —

Dritter Akt.

Mien Mann hett sick dodsapen! — Wo sall ick olle Fru denn hen? — nirgends wölt se mi opnehmen (näht, sich hin und wieder die Tränen abwischend).

Elsabe (lässt die Hände in den Schoss sinken, sieht geradeaus, dann endlich weich und mitleidig vor sich nieder).

Mudder: Mien por Groschen, de Willem op sien Ewer hett, reiken nich, um mi in' Stift to köpen — wo sall ick denn hen? (näht) — Ick will mi nich ut Gnad un Barmherzigkeit ernährn laten, wo ick bin, da will ick mi mien beeten Brot dörch Arbeit rieklich verdein'. Ick will kein' to Last falln! — Un denn ward 't ein' noch öbel nahmen, wenn man 'n Stück anfat. (näht, weint).

Elsabe (stellt den Korb, den sie im Schoss hatte, entschlossen auf den Boden und geht zu Mudder): — Is god, is nu all weder god. Schäll man eben de Kantüffel, ick kann ok wat anners dohn.

Mudder: Nee, nee, nu lat man.

Elsabe: Ja, kumm man. (nimmt ihr die Brille ab und zieht ihr das Zeug aus den Händen) Du kannst ja all so wie so nich mehr sein, verdarfst Di Dien Oogen bloss immer mehr. (zieht sie vom Stuhl auf und bringt sie vorn an den Tisch) Kumm man. Un wat vorfalln is, willn wi vergeeten. (drückt sie auf den Stuhl nieder, giebt ihr das Messer in die Hand und setzt ihr den Korb in den Schoss) Da, nu schäll. Ick will unnerdes de Lamp ansticken (geht und stellt die Lampe auf den Tisch).

Mudder (schält; sich noch hin und wieder mit dem Handrücken über die Wangen fahrend): — — — Dat soll doch sonn' Sneisturm west sien — op See — hett Wried doch gestern vertellt — — da hem mien beiden Jungs ornlich wat uttostahn hatt — Man got, dat se gliek weder an' Laden kamt — — (immer freier) sünst, gestern, as ick dat hörn deh — da wär mi meist bang.

Elsabe (hat die Lampe angezündet): Sonn' Fischer de hett manchmal mit Wind un Wetter to kämpfen, wo sick de Lüd, wenn se de Fisch so gemütlich vertehrn doht, nichs von ahnen lat.

Mudder: Dat Wader kakt all so lang (will aufstehen).

Elsabe (drückt sie nieder): Bliew doch sitten, ick will denn Ketel woll afnehmen. (geht zum Herd und nimmt den Kessel vom Feuer).

Mudder: Ick mein ok man — ob 't da nich ganz got wär, wenn wi de Beiden erst 'n ornlichen stiewen Grog maken dehn?

Elsabe: Ja! dat könnt wi maken. Ick glöw, ick hew noch Rum in' Hus (kniet vorm Schrank, sucht).

Mudder: Denn dauht se doch erst mal op. — Ick gläuw öberhaupt, dat Wetter treckt von See hier nah uns röber, mi sind de Bein nämlich so swer.

Elsabe (hat eine Flasche hervorgeholt, versucht den Kork herauszuziehen): Wenn 't op See so hust hett, kriegt wie meist immer wat af.

Mudder: Nu, hest noch wat fundn?

Dritter Akt.

Elsabe: Ja, noch öber n' halben Buttel vull. Denn hew ick Hugo nülich af . . . Donnerwetter, wo is he denn nu? (sucht in den Schubladen).

Mudder (lässt die Hände in den Schoss sinken): Denn hett de Jung doch weder heimlich . . .

Elsabe: Wat? Nichs hett de Jung! Ick mein' denn Proppentrecker, denn ick em nülich afbettelt hew. Wo is he denn nu bloss?

Mudder (schält wieder): Wenn ick dat noch weder erfahrn sull, dat de Jung ok dat Drinken anfangt — dat wär mien Dod! — leiber doch dod op 'e Stell.

Elsabe: He süht sick woll vör! Dat ganze Geld, wat he verdeint, spor ick for em op. He is noch lang nich de Slechst!

Mudder: Nee, nee! Dat wull ick ok nich gern.

Elsabe: Weisst Du, wo ick Angst vor hew? Willem künn dat Drinken anfangen. So wie Du immer verellst, hett he doch 'n Barg von sien Vader.

Mudder: Dat het he ok. Aber meinst Du? mi wär 't ok all immer so ahnig — Ach nee, wenn uns' Herrgott dat bloss nich geben wull!

Elsabe (holt dicke Wassergläser aus dem Schrank und stellt sie auf den Tisch): Na, vorläufig is 't noch nich so wiet — Un de Ossenoogen könt s' denn woll dorto eeten?

Mudder: Ach so. Ja. — Dat is Di woll ok gestern erst nich recht weest, dat ick de so ut eigen Hand backen deh? (sieht sie an).

Elsabe: Dat wär ja gestern, un dat geiht uns hüt nichs mehr an. Wenn se jem man smecken warden. (holt sie ebenfalls aus dem Schrank und stellt sie auf den Tisch).

Mudder: Nu, smecken warden se jem woll. Backen is mi noch jedesmal gelungen. Dat wär immer 'n Fest för de Jungs, wenn ick mal Ossenoogen backen deh — da hört bloss immer soveel Fett to. — Du stellst all alls op 'n Disch, so bald warden se doch woll garnich kamen.

(Willem kommt von links über den Deich)

Elsabe: Dat kann man nich weeten — — da sind s' ja all! (ihm entgegen).

Willem (in der Tür): Goden Abend!

Elsabe (ihn umfassend): Goden Abend! (küsst ihn herzhaft).

Mudder: So, dat wär makt. (steht auf, geht an den Herd, wäscht die geschälten Kartoffeln und tut sie in einen Kochtopf). Goden Abend! Wie wär 't denn?

Willem (verwundert, zeigt auf Mudder, dann auf Elsabe, fragend).

Elsabe (nickt lachend; laut): Goden Abend! (küsst ihn nochmals).

Mudder: Einmal wär ok genog (verbessert sich schnell) aber junge Eh'lüd möten hitzig sien!

Willem (kommt mit Elsabe weiter vor): Wenn Du dat man insühst (gibt der Mudder die Hand). Na, wie hett Di dat hier gefolln?

Dritter Akt.

Mudder: God! Wi sall 't mi sünst gefalln hem? Sehr god! (lächelnd) Wi beiden könnt uns fein verdragen.

Willem: Na denn hett mien Ahnung ja ditmal nich recht!

Elsabe: Wo is denn Hugo?

Willem: De kümmt ok gliek (wirft die Mütze ab und setzt sich auf's Sofa). Wat is denn dit hier? (nimmt einen Pfannkuchen und isst) Fein! hest Du woll backen, Mudder?

Mudder (nimmt seine Mütze und hängt sie ordnungsgemäss an den Nagel rechts bei der Tür): Ja, ja. Dat smeckst woll gliek?

Elsabe: Wat deiht denn Hugo noch? Ji kamt doch sünst immer tosam. Du bist öberhaupt so freuh kamen.

Willem (essend, nimmt immer mehr): Ja — dat will ick Di seggen — ick hew mi nichmal Tiet laten, denn Ewer ornlich fasttoleggen — he bliwt de Nacht erst hier int Lock liggen, un morgen, in alle Herrgottsfreuh — lat wi us denn nah Alt'na rop sleepen.

Elsabe: Sleepen? Is denn wat braken?

Willem (kaut): — Wi hewt Glück hat — wi hewt Di 'n lütt Patschon Steinbutt an Burd — grode Dinger — verdammi! Dat is wat! — Un de staht di hoch — öber annerthalw Mark dat Pund.

Mudder: Nu freet doch nich gliek de ganzen Dinger allein op. Ji sölt noch 'n deftiges Warmeeten hem.

Willem (kaut): Nee, nee! Wi hebt uns hüt all selbst wat ornlichs spandeert.

Mudder: Denn mak em man erst 'n Grog, Elsbe, sünst frett he noch erst alls op.

Elsabe (geht an den Schrank): Ja!

Willem: Wat? Wat seggst Du? Grog? 'n richtigen stiewen Grog? — Verdammi! wenn 'ck mien Kopp noch beholln sall, denn is 't aber bald genog.

Mudder (hat sich an den Tisch gesetzt und nach Elsabe hinüber gesehn): Hest denn Proppentrecker fundn?

Elsabe (kommt an den Tisch, schenkt Rum in die Gläser): Ick hew 't nochmal versöcht, dat ging so.

Willem (lehnt sich zurück): Kinners! nu ward 't mi aber bald 'n bitten mutsch. De ganze Fohrt hew 'ck hier nah Hus her dacht. Ick har darop wett't: hier is wat nich in Ornung! — twischen juch —

Mudder: Wat sull woll! Bist mall, Jung!

Willem: As ik donn in Freidag nacht de Netten mit Steinbutt hiewt, da har ick se am leiwsten weder rinsmeeten.

Elsabe (holt den Kessel mit kochendem Wasser vom Herd): Du bist narrsch, Willem! Du hest ok all sonn olln Heuhnergloben an Di; denn hest woll von Mudder?

Willem: Ja.

Mudder: Warum denn grad von mi?

Willem: Dat is ja nichs Slechts, Mudder.

(Hugo, den Lütt-Hein an der Hand, kommt von links her über den Deich und herein.)

Willem: Mi wär den Oogenblik ganz sicher: dorob passiert wat!

Dritter Akt.

Hugo: 'n Abend! (hängt seine Mütze auf, bleibt dann eine Weile stehn, während Lütt-Hein zu seinem Vater auf's Sofa klettert. Hugo sieht verwundert von Mudder auf Elsabe und fragend auf Willem).

Willem (ohne im Erzählen inne zu halten): Un deshalb kumm ick so snell hierherstört! deshalb leggt ick denn Ewer hier int Lock fast, wat doch sünst bloss an' Mark mal vorkümmt. Un nu seih ick — Hugo, kiek Di de Beiden mal an! (gibt dem Kleinen Kuchen). Da Lütt.

Hugo: Mi is dat all eben in 'n Bein schoten, ick kann kum von Placken.

Mudder: Spott man.

Elsabe (geht auf Hugo zu, reicht ihm die Hand und zieht ihn an den Tisch): Goden Abend, mien Hugo!

Mudder: Nu hör ehr bloss mal an!

Willem (reibt sich die Hände): Verdammi! Dat ward ja gemütlich hüt abend, da kann ein ob stahn!

Hugo: Noch ein?

Willem: Ach wat, holl 't Mul, Jung!

Elsabe (droht ihrem Mann heimlich).

Mudder (zieht ihre Hauspantoffel aus): Klapper nich so op de Holtentüffel. Hier, da treck mien an, gew mi Dien her; ick bliew denn abend doch hier sitten. — Elsbe, stell de Kantüffel man an 'n Sied, de künnt wi morgen bruken, de Jungs freet sick ja doch dick in Ossenoogen.

Hugo: Süh, dat 's ja nett! (nimmt und isst) Un Grog ok, Dunnerwetter! da kann man sick sogar bie hensetten (setzt sich).

Willem: Nu freet, dat Di dat Mul schümt!

Elsabe: Willem! Is Di de Damp in 'e Nees trocken, dat all dusslich warst? (holt den Zucker). Ji schient mi all beide von denn Grogdamp all 'n beeten mitnahm. — Da is Zucker. Nimm ok, Mudder, da!

Mudder: Ick will woll nich to kort kamen. — Mi kümmt ok meist so vör, as wenn ji all ein hatt hebt.

Willem: I, bewohr! Du harst uns dat doch noch nich erlauwt!

Mudder: Na lat.

Hugo (der mächtig im Glas herumrührte): Süh, dat is recht! (steht auf, klopft ihr auf die Schulter) so is recht, mien gode Mudder! Lat, möst Du seggen, lat! Nich? Se lat sick ja all — (setzt sich wieder, trinkt) Prost!

Willem: Welche tweimal! (trinkt).

Mudder: Prost seggt man vorher, wenn Du dat noch nich weisst. — Hä! Un denn drinkt man doch nich dat ganze Glas vull op einmal ut. Dat dohn de Söffels!

Hugo: Bin ik ok, Mudder, bin ik ok! Aber schön smeckt 't doch!

Willem: Un de Fischer! De Fischer sind all Söffels, Mudder! (schlägt das leere Glas auf den Tisch) Noch sonn' Lütten! — De möt doch to supen anfangen, besonners, wenn s' sonn' schöne Mudder hebt!

Dritter Akt.

Mudder: Na, wat wullt Du denn damit seggen?

Elsabe (giesst beide Gläser erst wieder ein Drittel voll Rum und dann kochendes Wasser zu): Da mösst Di hüt nich veel an kehrn, Mudder. Wenn em mal n' beeten wat in 'e Kron treckt, fangt he glick an to sticheln — ick weit nich, wovon he dat hett — Hugo dagegen ward immer mehr utlaten.

Mudder: So? Is he hier denn all mal besapen weest?

Elsabe: Nee, nee! Aber man markt 't doch so.

Willem: Pass Du man op, dat Di nichs in e' Kron treckt, för mi will ick woll oppassen. — Mien Lütt-Hein, Du wullt ok mal drinken. Ja, hier, Dien Mudder lett Di ok ganz verdosten.

Elsabe: Aber bloss mal nippen, Willem, lat em nich soveel drinken.

Hugo: Nimm man ornlich ein! Dat is de reine Muddermelk!

Elsabe: Di lang ik glick ein.

Hugo: Kannst ok reiken? Sünst legg Di 'n Kalenner unner de Feut, bist glieks 'n Johr grötter. (lachen)

Mudder (laut lachend): Wo de Jung dat bloss immer her hett?

Willem (zu Hein): So, nu hest aber genog drunken, nu sing uns mal ein' vör.

Hugo: Dat willn wi maken! Jeder nah de Reig singt ein Lied vör.

Mudder: Ick will juch leiber wat lachen un singen.

Hugo: Ok god! Du lachst un singst.

Lütt-Hein (singt und Hugo hilft ihm):
 Op de Weg nah Amerika
 Da wohnen soveel Hexen
 Har ji da wat von gehürt?
 So don de Hexen
 Pannkoken backen! Pannkoken backen!
 Alle mal don se so
 Un allemal don se so.
Willem: Nu kam ick! (singt)
 Ach, Mudder, mir tut der Bauch so weh!
 Ju, ja, Bauch so weh!
Mudder: Jung! schäm Di wat!
Elsabe: Aber Willem! Lütt-Hein snappt all jedes op. Morgen singt he 't ok.
Hugo: Man to! Dat is wat schönes! (singt mit)
 Ju, ja, Bauch so weh!
 Geh du nach dem Garten un pflücke dir Klee
 Geh du nach dem Garten un pflücke dir Klee.

 Geh du nach dem Garten un pflücke dir Kraut!
 Ju, ja, pflücke dir Kraut!
 Un koch dir ein Salb' und schmiere si . . .
Mudder (lachend): Is genog! Is genog!
Elsabe (hält Hugo den Mund zu): Du sast doch jetzt ophörn!
Willem: Ach, Mudder, da hilft kein Schmieren mehr. Ju, ja, schmieren mehr . . . Nee, mi ward doch de Kehl dabie wehdaun; nu kummst Du.

Dritter Akt. 71

Hugo (singt gleich los):
> Wie kam ick nah mien Schwiegervaders Hus
> O, Allerliebste mein?
> Gah du denn Weg man grade ut
> Denn kümmst du nah dien Schwiegervaders Hus.

Willem (singt mit).
> Ruck! mien Mäken, ruck! ruck! ruck!
> Ruck! mien Mäken, ruck!

Hugo (singt allein):
> Wie kam ick denn to Dör herinn
> O, Allerliebste mein?
> Drük du man liesen ob de Klink,
> Denn meint de Mudder, dat deiht de Wind.

Alle: Ruck! mien Mäken, ruck! ruck! ruck!
> Ruck! mien Mäken, ruck!

Hugo (singt allein):
> Wie kam ick denn de Trepp herop,
> O, Allerliebste mein?
> Gah du de Trepp man trippelditrapp,
> Denn meint de Mudder, dat is de Katt.

Alle: Ruck! mien Mäken, ruck! ruck! ruck!
> Ruck! mien Mäken, ruck!

Mudder: Nu hör man op! — Hugo hett ok sonn. grotes Appelhüschen, da fallt mi eben sonn Dings in' Weit ji, woher de Mannslüd dat hem?

Hugo: Nee, Du? Aber Du kümmst noch nich an 'e Reig, erst kümmt Elsbe!

Mudder: Ah, wat ok!

Willem: Vertell! vertell! un wenn 't 'n Dahler kost!

Mudder: Dat Eva all Appel stahln hett, weit ji. Dat wär grad an ein Harwstmorgen. Un weil nu Adam sick so frein de, dat sien Eva to'n ersten Mal in anner Umständ wär . . .

Hugo (komisch entsetzt): Ach nee?!

Elsabe (lachend): Mudder!

Mudder: Na, ja doch, mi is dat so vertellt. — Na, da fegt denn Adam de Wahnung ut. Se har bie 't Spazierngahn nu grad sonn Verlangn hatt — dat is ja hütesdags noch so bie de Fraun — un ok gliek in ein Appel rinn beeten. Un he smekt ehr. Da fregt Adam, wat se denn da kaun deh. Se lacht sick ein' un gew em denn Rest. Adam nähm dat Hüschen denn ok un beet ganz nürig rinn. Da freit sick Eva nu ganz bannig, dat Adam all sowiet mit de Wahnung ferdig wär, un se strakt em mit denn nein Riessbessen öber dat blote Fell. (lacht) Da mösst he denn lut utlachen (lacht).

Hugo: Wär Adam denn kettelig? (lachen).

Mudder: Dat wär he woll . . . Na, un bie dit Lachen blew em denn dat Hüschen in Hals steeken. (lachen) Un darum hebt 't hüt noch alle Mannslüd. (lachen).

Elsabe (lachend): Dat is aber ok . . .

Willem: Weisst noch mehr sonn Dinger?

Mudder: Nee, hüt abend nich.

Hugo (zu Elsabe): Dat hest woll noch garnich wusst, dat Mudder ok sowatt vertelln kann? O! sust man

Dritter Akt.

mal hörn, wenn s' erst richdig in ehr Fett is. De wär as Kind de slimmste int ganze Dörp.

Mudder (lachend, liest de Krumen auf und steckt sie in den Mund): Ja! Ick wär slimmer wie de Jungs! Wat de nich utfreeten muchen, dat deh ick.

Hugo: Nu kümmst Du, Elsbe, aber nich sonn' Dings mit Schilee! n' beeten wat deftiges.

Elsabe: Erst kann Mudder ein singen.

Mudder: Nee, ick sing nich, hüt abend nich! Wi sind hier so all so utlaten, wenn da man nichs nah passiert.

Willem (schlägt aufbrausend mit der Hand auf den Tisch): Verdammi! denn lat doch passiern wat will! Immer mit Dien verfluchte Ohnungen, da ward ein' ja rein öbel un slimm! Man kann nich lut lachen: Darob passiert wat! Verdammi, denn lat doch kamen, wi sind ja hier!

Hugo: Bloss nich upreegen, Kinner! bloss nich opreegen! denn warst hässlich.

Willem: Mein Gott! is ja wohr!

Elsabe: So hett Mudder dat doch ok nich meint. Du kannst man nichs verdreegen, da ligt dat an. Gliek stigt Di dat to Kopp, un denn is mit Di garkein Ümkam' mehr.

Mudder: Lat man! Ick mark all, op mi sall 't weder dahlgahn!

Willem: Da is nich de Red' von!

Hugo: Dat heit: mit sonn' Mul gehst to'n Angeln? un denn segst to Dien Mudder bist hübsch? (geht zur

Mudder, streicht über ihr Gesicht, bis sie lachen muss).
Oh mien seute Mudder! Du bist sonn' lütten gediegen
Kluten! — Sing, Elsbe! — To, lach mal! lach mal!
un wies' denn olln unardigen Bengel de Tähn! —
Sing, Elsbe! — Ach so, Du hest ja man mehr de ein
oll Stüft vörn, aber bieten kannst da noch hart mit! —
Nu lacht s'! Kiek! Kiek! wat mien Mudder von seutes
Gesicht hett! — Gau, sing Elsbe!

(Alle lachen, selbst Willem kann es kaum verbeissen).

Mudder (schlägt nach Hugo): Dumme Jung! hew
Dien Mudder von' Burn! Du bist ja vull.

Hugo: Dat makt nichs, dat löpt alls weder mit weg.
Nu sing aber, Elsbe!

Elsabe (erst noch lachend, beginnt endlich):

Will mich einmal ein guter Freund besuchen ...

Willem (immer halb lachend, halb ärgerlich da-
zwischen): Dat heit aber, denn will ick schön kriegen!

Elsabe (singt fort):

So soll er mir willkommen sein.

Ich setz ihm vor den allerschönsten Kuchen. —

Willem (dazwischen): Un ick smiet em mit 'n Ossen-
oog int Gnick!

Elsabe (lachend, singt aber fort, ohne einzuhalten):

Dazu ein Glas Champagnerwein.

Willem (dazwischen): Ut de Elw!

Elsabe und Hugo (umfassen einander; singen lachend):

:Dann setzen wir uns hin, wohl auf das Kanapee!

Und singen dreimal hoch! das Kanapee!:

Dritter Akt.

Willem (droht): Da sull ick juch man bi fat kriegen! (alle lachen)

Mudder: Na, Du warst doch nich so licht eifersüchtig?

Willem: Ick? Denn Deubel ok! Aber wat in' Nacken kreegen s' doch!

Hugo: Kiek! wie de Lütt=Hein mitlacht. Kumm her! (holt ihn vom Sofa) Wi beiden wöllt noch ein maken, mösst aber schön Schritt holln! (Er holt sich einen Topf und schlägt mit der Faust darauf. Beide marschieren im Kreis herum und singen:)
Der Gen'ral Werder hat einmal zum Tanze aufgespielt.
Das war zur Zeit als seinen Strauss er in dem Elsass hielt,
Da strich, da strich, da strich den grossen Brumbass er
So grob, so grob, so grob wie 'n keiner streicht . . .

Mudder (lacht): Nun kiek denn Lütten an! (als beide dicht bei ihr vorüber kommen, dem Lütt=Hein lachend drohend) Du! eigentlich harst Du noch wat op Fell verdeint, dat Du doch mitgahn bist.

Willem: Wat?! Is he doch mitgahn? — mit de Jungs?

Mudder (ihn beruhigend): Is ja nu all god! he deiht nich 't weder!

Willem (schlägt mit der Hand auf den Tisch): He sall aber hörn! (laut, wütend) Hein! kumm hier mal her!!

Hugo: Nanu? wat is denn los?

Lütt=Hein (geht zu seinem Vater).

Willem: Hew ick Di nich verbaden, dat Du mit de Jungs Sank=Marten singen süst?

Lütt-Hein: Ja.

Hugo: Stell Di doch nich an, um denn Kinnerkram! Ick hew em seggt, he künn gern mitgahn.

Willem: Du hest hier garnichs to seggen!! versteihst mi?!

Mudder: Nu, nu!

Hugo: Na nu ward lustig! (schlägt dabei auf den Topf) lustig! lustig! Hahaha! Mi bringst doch nich ut de Ruh, un wenn noch mal so lut brüllst! Haha!

Willem: Nimm Di in acht!!

Hugo (lachend): O! o! Du wullt . . .

Elsabe (zittert, ist aufgestanden, legt Hugo die Hand auf die Schulter, gebietet ihm Schweigen).

Willem (den Kleinen schüttelnd): Un warum bist Du doch hingahn?!

Lütt-Hein (sieht zu Boden).

Willem (steht auf, zieht den Kleinen mit): Wo is de Stock? (geht zum Schrank).

Mudder: Verdeint hett he ja eigentlich wat dafőr; aber nu lat em man.

Willem: Du sast 'n Denkzettel kriegen, denn Du . . .

Elsabe (springt zitternd, wortlos auf den Kleinen zu, entreisst ihn ihrem Mann und schiebt ihn schnell in die Schlafstube hinten links, stellt sich vor die Tür, zittert am ganzen Körper).

Willem (brüllend): Denn Jung her!!

Elsabe: — Denn möst mi erst kolt maken! — anners nich!

Dritter Akt.

Mudder: Dat hew ick kamen seihn — all denn ganzen Abend. Wie wärn ja ok to utlaten!

Elsabe: Du hest ja Schuld! Du harst 't ja nich seggen brukt.

Willem: Ja! se möst mi dat seggen! (will in die Schlafstube). Gah da weg!

Elsabe (schiebt ihn zurück): Du bist ja besopen! Rührst Du mi hüt abend denn Jung an, denn gah ick mit de Lütt int Wader!!

Hugo (drückt sich immer in der Ecke rechts bei der Tür herum, bald lächelnd, bald grummelnd).

Willem: Narrsches Wief! — Hm! (geht langsam an den Tisch zurück) — 'n Wirtschaft in' Hus jetzt! (nimmt ein Glas und wirft es wütend auf den Boden) Verdammi!

Hugo (halblaut): Da kann noch mehr liggen!

Mudder: Un op de Letzt hew ick de Schuld. Man kann doch woll de Wohrheit seggen.

Willem (setzt sich, stützt den Kopf in beide Hände).

Elsabe: Gewiss hest Du de Schuld! Du harst dat doch nich to seggen brukt. Du weisst doch ganz god, wie he is, wenn he 'n por Glas Grog drunken hett. Dat wär to 'n anner Ciet ok noch freuh genog weest.

Mudder: Ick hew em doch nichs seggt, Deern! Mi is dat man so rutrutscht. Möt man sick hier denn so in acht nehmen?

Elsabe (ärgerlich die Scherben aufsammelnd): Die rutscht man immer alles so rut — un alles möt man sick gefalln laten. — Einmal möt man hier in Schied verkamen, annermal gew ick toveel Geld ut, un denn verstah ick weder nichs! (redet immer lauter und erregter; mit Cränen kämpfend). Jede Stünn weisst Du wat anners! Sied de söss Johr is ok nich ein uneffen Wurt twischen uns beiden folln — as hüt! — Lat 'n Mann gern mal ein' drinken, lat 'n utlaten sien — aber man möt denn weiten, wat man to em seggt. Aber man nich immer so in stilln reizen un sticheln.

Mudder: Ick hew em doch nich reizt!

Elsabe (weinend und schreiend): Ja! gewiss hest Du em reizt!! Verdeint het he wat! Verdeint het he wat! In uns' ganzen Ehejorn hett he noch nich ein Slag von Willem kreegen, de is mi veel to grow, um Kinner to slagen! De Jung is kein Happen anners as anner Jungs ok, aber man brukt denn Mann nich alles horklein to vertelln, wenn he inkümt, Kinnersorgen hört de Fru!

Mudder: Ick hew mien Mann nie wat verheimlicht.

Hugo: Slimm genog.

Elsabe: God, wenn Dien Mann dat verdragen künn! Willem verdrägt dat nich!

Willem (haut die Hand auf den Tisch): Swieg jetz endlich still! Ick will nichs mehr hörn!

Mudder: Ja, Du bist to bedurn, Willem, ick hew dat all lang kamen seihn: dat 's kein Fru för Di.

Hugo: Na nu! nu holl aber op!

Dritter Akt.

Willem: Swieg davon still! Ick will von Di garnich bedurt sien! Aber verdammi! Ji möt doch Freeden holln könn'!

Elsabe (wütend, verächtlich): Hm! kein Fru för Di! Warum bin ick em denn in söss Johr genog weest?! Nich einmal hett 't Striet geben! (geht an den Tisch) Willem! segg Du! hest Du einmal to klagen hatt? hest Du einmal nich Dien Recht kreegen?!

Willem: Da seggt ja keiner wat von! Nu swieg doch endlich still!!

Elsabe: Gewiss! Mudder seggt 't!! Ick bin kein Fru för Di! Un 't is Dien Pflicht as Ehmann, dat Du sowat nich op mi sitten letst!

Hugo: So lang ick hier in' Hus bin, hewt s' wie de Kinner tosam lewt! Kein ludes Wurt is folln! Mudder hett denn Striet int Hus bröcht, grad as ick dat in vörut seggt hew!

Mudder (steht auf): So! — also danach willn ji beiden rut! Ick bin juch hier toveel.

Elsabe: Da seggt kein Minsch wat von!

Mudder: Ick hew 't ja all lang markt, aber ick kunn 't nich glöben, dat Hugo so sien eigen Mudder op de Strat setten möcht!

Willem: Hugo hett hier nichs ruttosmieten un smitt kein' op Strat! Hör nu endlich op mit Dien Larm un sett Di dahl! Dat kummt ein' ja lang ut 'n Hals rut.

Mudder: Denn sall ick mi hier woll weder anbetteln? Fragen, ob Dien Fru mi hier ok noch länger lieden will? Nee! dor hest kein Glück mit! Ick kann mi noch selbst ernährn; ick kann noch arbeiten, un ick will ok arbeiten! Wenn ick bie anner Lüd gah, kann ick sogar noch Geld verdein!

Hugo: Denn gah doch hen nah anner Lüd, wat quarkst hier denn rum?! Dor hest man kein', de argern kannst; anner Lüd lat sick dat nich so gefalln!

Willem: Nu do mi denn einzigen Gefalln, Hugo, un schwieg still! Mudder bliwt hier! Wat sölt sünst de Lüd dorvon denken. Wi müsten uns já schämen. Kum acht Dag hier un all weder weg.

Mudder: Nee, Jung! Ick bliew nich hier! Meinst Du, ick sall mi hier tribuliern un uthunzen laten? Dat hew ick nich so grod nödig! Wenn ick mal nichs mehr kann, denn könnt je mi petten! — Aber uns' Herrgott ward 't jawohl nich sowiet kamen laten.

Willem (steht auf und geht zur Mudder; ruhig und ernst): Nu hör mal to, Mudder, in' goden!

Mudder (kampfbereit): Nu? Man los!

Willem: Tribuliern un uthunzen laten? Wer hett Di denn hier uthunzt un tribuliert? Dat much ick weiten! Elsbe hett Di ut sick kein Wurt to nah seggt! Da kenn ick se to genau! Un Du hest ehr manchmal schöne Wür an' Kopp smeeten, dat wist doch nich afstrieden?

Mudder: So! — Du ok noch? — Na, ja, Du mösst se in Schutz nehmen, dat is Dien Fru — dat schickt sick nich anners. Denn will ick man glieks gahn, damit

Dritter Akt.

ick Dien gebild'te Fru man ja nich unner de Burt stöt. Da möt man sick ja ornlich in acht nehmen (geht nach links), un dorbie hett s' von Husstand führn öberhaupt kein Ahnung.

Willem: Du geihst hüt abend nich weg! Da fohrt ja öberhaupt kein Damper mehr nach Hambog rop.

Mudder: Ah! ick will woll 'n Platz achtern Diek findn. Du sühst ja, wie gern Dien Fru mi hier süht, se hölt mi mit kein Wurt, se freut sick innerlich! (nach links ab). Ick will man Stebel antrecken un mien Hot opsetten, un mien por Lumpen lat ick denn morgen afhaln (ab).

Willem (zu Elsabe, die stumm am Küchenschrank gelehnt steht): — Segg Du ehr, dat se blieben sall.

Hugo: Do 't nich!

Elsabe: Ick hew kein Recht, ehr dat Hus to verbeiden, un hew't ok nich dahn. Mienwegen kann se blieben. Aber ick ehr trüch holln? Nee! dorto hett se mi to weih dahn!

Willem: Dat is 'n olle Fru, se seggt mal 'n Wurt, denn hört man da eben nich nah hen. — De Mudder so ut 'n Hus gahn laten, dat 's mi dat Schrecklichste, wat 't geben kann! Dat geiht mi an 'e Niern! — Segg ehr, dat s' blieben sall . . . sünst hest Du 't nich god bie mi!

Elsabe (besinnt sich, geht dann entschlossen an den Tisch und räumt ab): Einerlei, ick segg ehr 't nich! Se hett mi to un to weih dahn. Segg Du ehr 't doch, Du bist doch ehr Söhn.

Willem: Na, Du mösst ja weiten, wat Du deihst.

Mudder (kommt zurück, Hut und Mantel überm Arm): So — dat wär ja weder mal to Enn' (setzt sich den Hut auf).

Willem: (nimmt seine Mütze) — Op de Lüneborger Sied, da bie de olle Prigges, da hett Di 't ja so gefalln.

Mudder: Ja, da is 't ok schön.

Willem: Mit 'n Damper kannst ja nich mehr, un mi wär 't ok verdammi nich recht, wenn Du weder noh Hambog bie Lisbeth trecken deihst.

Mudder: Dat do ick nich gern, aber . . . . (schlägt sich den Umhang um).

Willem: Nee! sast nich! Du wahnst mit de oll Prigges tosam. Un dit Hus steiht di to jeder Tiet apen! Du kannst kamen, wann Du wullt! — dat erlauw ick Di! —

Mudder: — Na ja — mi is alls recht, wat ji mit mi maken dohn. Mi möt 't ja man recht sien — (geht zur Tür). Na, atüs!

Willem: Ick gah mit Di (öffnet die Tür). Verdammi! sieht de Himmel ut!

Mudder (zu Hugo, der nach vorn an den Tisch gegangen ist). Na, Di will 'ck man nich atüs seggen, Du giwst mi de Hand ja doch nich.

Hugo (geht zu ihr, schüttelt ihre Hand besonders

Dritter Akt. 83

lange und kräftig). Ah, wenn Du geihst, nich mehr wie gern! Atüs! atüs!

Willem (langsam ab.)

Mudder: Man wenn ick kumm nich? Na, ick kenn Di ja. — Atüs (ab; Willem nacheilend.)

Hugo: Gott sie Dank!

Elsabe (sieht eine Weile stumm auf den Tisch): — Wär dat 'n Abend — — wenn mi dat ein seggt har (lässt sich auf einen Stuhl fallen, legt den Kopf auf den Tisch) — dat 't ok so kamen mösst — — (weint)

Hugo (geht schmerzlich berührt von der Maschine an die Kommode, dann an den Schrank, hier und da etwas betrachtend oder zurechtsetzend; sieht hin und wieder heimlich zu Elsabe hinüber. Kommt endlich an die linke Schrankschublade, zieht sie ganz leise auf, wobei er wie ein Dieb auf Elsabe sieht. Will ganz leise nach hinten langen, rührt dabei aber doch an die Messer und Gabel).

Elsabe (hört das leise Klappern, blickt verstört auf, sieht Hugo, erkennt sofort, was er will): Hugo! (stürzt auf ihn zu) War nich to 'n Süper! Hugo! lat 't liggen! Do 't mi to Leiw!

Hugo: Ick kann Dien Jammern nich verdragen! Is ja nu doch all egal.

Elsabe (nimmt ihm die Börse ab, legt sie wieder in die Schublade und schiebt sie zu): Nee, nee, ick will ok nich mehr jammern! Kein Lut sast Du von mi hörn! (fasst ihn bei der Hand) Wi verstaht uns ja doch, Hugo!

Wenn w' ok nie . . . nie . . . (trocknet hastig ihr Gesicht) — Kumm, sett Di op 't Sofa, ick les Di wat vör.

Hugo (den Blick zu Boden): — Se hebt Di weihdahn, Elsbe —

Elsabe (zwingt sich zum Lächeln): Lat! Süh, ick wein all nich mehr — Kumm, ick les Di vör. — (zieht ihn zum Sofa).

Vorhang.

Vierter Akt

Vierter Akt.

Dieselbe Szene. Sturm.

Elsabe hantiert am Herd, sieht ungeduldig bald in den einen, bald in den anderen Topf; dann wieder hinaus. Lütt-Hein sitzt mit den Knieen auf dem Sofa am Tisch, baut Kartenhäuser.

Elsabe (legt Kohlen aufs Feuer): Dat se ok nich to 'n Eeten kamt! Vader is nich nah Hambog fohrt, seggst Du?

Hein (ruhig bauend): Nee.

Elsabe: Hest Du denn ok an Burd würklich ornlich toseihn? Un he wär nich dor?

Hein: Nee.

Elsabe: Hest ok ropen?

Hein: Düchdig lut.

Elsabe: Un he käm nich?

Hein (schüttelt den Kopf).

Elsabe: Un Hugo-Unkel wusst ok nich, wo he wär?

Hein (schüttelt und bläst die Kartenhäuser um): Hallo!

Elsabe: Nu hör doch op mi! Wär Hugo denn noch bie, de Netten to reinigen?

Hein (baut von neuem auf): Ja.

Lisbeth (kommt in die Tür): Ah — guten Tag! (geht schnell auf Elsbe zu, schüttelt ihr die Hand) Guten Tag, Elsbe!

Elsabe: Goden Dag, Lisbeth.

Lisbeth (sieht sie scharf an): Dacht' ich mirs doch! (zieht sich die Handschuh aus, wirft sie auf den Tisch). Ich hab auch die erste Zeit geweint — vor Wut! — Aber es ist schliesslich doch die eigene Mutter. — Na du Bengel? Guten Tag! gib die Vorderpfote!

Hein: Goden Dag, Tante!

Lisbeth: Tag, mein Engel! Du Zuckersnut! (holt ein Stück Schokolade aus der Tasche) Da! Diesmal hab ich 's nicht vergessen. Magst Du denn überhaupt Schokolade?

Hein (nickt).

Elsabe (ist ebenfalls an den Tisch gekommen): Wat seggst Du denn?

Hein: Danke!

Elsabe: Ornlich!

Lisbeth: Lass ihn doch.

Hein (reicht Lisbeth die Hand): Ick dank ok, Tante Lisbeth!

Lisbeth: Und ich bitte schön! Du bist ja 'n klein gediegner Bengel! (dreht sich zu Elsabe) Du, ich war schon bei Mudder. Ich wollt sie wieder mitnehmen; meinst, dass sie mitwill? ‚Nee, ik will mi hier erst 'n beeten utruhn!' Ja, sag ich, das kannst Du bei uns auch. Wenn Du Dich man ruhig hinsetzen willst! Du brauchst ja nicht den kleinen Finger ins Wasser zu stippen; dann gehts los: ‚Denn sall ick ... Gnadenbrot' ... na, weisst ja Bescheid.

Vierter Akt.

Elsabe: Na, ja.

Lisbeth: Kinners, is das bloss 'n Wetter draussen — grässlich! Elsbe, das hättest Du sehen müssen, wie der olle Radkasten hin und her taumelte, wie besoffen. Denn dräht sich das eine Rad in der Luft, denn das andere; und der lütte Schornstein stöhnte und qualmte — grässlich! Da konnt man richtig sonn' Vorgeschmack kriegen von Seekrankheit. — Ja — was ich sagen wollte — Willem war auch erst bei Mudder, hatte sich's recht gemütlich gemacht — seit wann geht er denn in die Wirtschaft? Er sitzt jetzt in der Harmonie und trinkt.

Elsabe (innerlich getroffen) — Na, dann weit ick ja, wo he is. Ick kunn mi 't ok all gornich erklärn.

Lisbeth: Ihr habt doch nichts mitnander gehabt?

Elsabe: Nee. Nich wieder, as dörch Mudder . . .

Lisbeth: Na, die ist weg, das lässt sich schnell kurieren. Donnerwetter! ich muss machen. Ich wollt bloss mal vorsehn. Die Mudder hatte mir 'ne Karte geschrieben, und da bin ich eben mal runter gekomm'n. Ha, ich möchte doch wissen, wie lange sie es da wieder aushält; dann kommt sie wieder zu mir. Wir beiden können uns immer noch am besten vertragen; das geht nach dem einen Ohr rein und nach dem andern wieder raus. — (nimmt ihre Handschuhe) Atüs, mein lütten Hein! Ich will nun doch los. Wir haben nämlich Kaffeeklatsch mit Klimbim, das eine olle Eckschrank spielt Zitter — grässlich! Du wartest wohl mit Mittagessen?

Elsabe (die wieder an den Herd gegangen ist und die Töpfe abgezogen hat): Ja, Hugo wull noch teuben, bit Willem kummt, aber de kummt ja nich.

Lisbeth: Ich hab heut überhaupt kein Mittag gemacht. Mein Mann schlägt sich selbst 'n paar Eier in die Pfanne, wenn er nach Hause kommt. Geht ganz gut. Aber sowas sollten wir man bloss mal versuchen, wenn die Mudder bei uns ist. Da kommt Hugo ja schon.

Hugo (kommt über den Deich und herein): Na, Geelgoos?

Lisbeth: Tag' Grobian! Hör mal, Du siehst reizend aus! einfach süss. Hahaha! Hat denn der Dampfer schon getutet?

Hugo: Ja, einmal.

Lisbeth (will ab): O, dann muss ich weg.

Hugo: Hest noch Tiet. De Damper liggt hier ganz baben an' Stack. Dat Wader steiht bit an' Diek rann. De oll Westwind driwt dat Wader immer nah de Elw rinn. Op See sall 't ja grässlich hergahn. De von Appen is all futsch. Wär all vörgestern fällig un nirgends inlopen; wär sonn' feinen Kutter. Dor geiht noch mehr fleiten.

Elsabe: Darum will Willem ok von Dag noch nich fohrn? All drei Dag liggt he hier rum.

Hugo: De is öberhaupt siet Freidag gorkein Kerl mehr, wie umkippt. He gläuwt ganz gewiss, do passiert wat.

Lisbeth: Das muss aber auch grässliches Wetter sein auf See. Ich hab heut morgen man gelesen,

Vierter Akt.

dass gestern an zwanzig Schiffe bei Cuxhaven eingelaufen sind, um den Sturm abzuwarten. In Hamburg gings heut morgen am Stintfang immer bum! bum! bum! Die erwarten das schönste Hochwasser.

Hugo: Dat möt s' nu all hem. Bie uns steiht dat Wader ja all rundum bit an' Diek (zeigt aus der Tür), kiek hen! Op de Lüneborger Sied, dor bie Prigges mokt se denn Diek starker, fohrt man immer Sand op. Dor is hüt morgen all wat rutscht.

Lisbeth: Na, wenn hier mal das Wasser ins Land kommt, das muss grässlich sein.

Hugo: Kannst Di to verlaten. Sowiet kummt 't aber nich.

(Der Dampfer tutet zweimal ganz in der Nähe.)

Lisbeth: O! ich muss noch mit. Atüs!

Elsabe: Ja, nu ward 't Tiet. Atüs!

Hugo: Brukst no nich to lopen. Atüs!

Lisbeth: Denn haltet Euch schön munter, ich komm bald mal wieder runter, (lacht) 'n Reim! Das bedeutet was Gutes!

Elsabe (lächelnd): Hest Du dat ok an Di?

Lisbeth: Wenn man das so alle Minuten von der Mudder hört, nu, da muss es einem ja schliesslich ins Blut übergehen. Glauben aber tu ich nur dran, wenn es etwas Gutes bedeutet! (lacht). Adieu allesam! (ab).

Hugo: Oll Zapperliese! De steiht dat Mul ok kein' Oogenblick still; dat geiht immer as sonn' Windmöhl (schnell:) dat, dat, dat, dat, da!

Elsabe (an den Herd gehend): Na, lat s' doch, se hett ok wieder nichs um de Ohrn. — Denn wöllt wi man wat eeten.

Hugo (setzt sich aufs Sofa): Nee, för mi nichs opsetten, ick hew all wat eeten.

Elsabe: Nanu?!

Hugo: Ick har de Meisterknechts weder 'n por Rochen mitbröcht. Nu hett s' mi dor sonn Patschon henslept, dat ick mi ganz dickfreten hew. 'n Sluck to drinken kannst mi geben.

Elsabe: Wat sall denn darut warden? Gestern is Willem nich to Middag kamen, hüt kümmt he nich; un nu wist Du ok all nichs eeten. Denn kann 'ck dat koken ja man ganz opgeben. — Willem will mi man bloss dormit argern, dat he nichs itt; he weit, sowat kann mi am meisten kränken.

Hugo (den Lütt-Hein kitzelnd, der sich lachend auf dem Sofa wälzt): Hett all sien Öbergang, säd de Voss, dunn tröcken se em dat Fell öber de Ohrn — Du Klabautermann!

Elsabe: So is 't ok man, he will mi dat Fell bloss öber de Ohrn trecken.

Hugo: Har ick dat man bloss nich seggt! Du passt ja nu ok all op jedes Wurt op.

Elsabe (ihm eine Tasse Kaffee eingiessend): Ärgerlich bin ick! Ick künn mi in Stücken rieten! Is denn dat 'n Sak? Ick lur hier op em mit Middag, un he liggt in 'e Wirtschaft rum?!

Vierter Akt.

Hugo: Wer het denn dat seggt?

Elsabe (bringt ihm den Kaffee): Lisbeth! Hest Du't denn nich weeten?

Hugo: Weeten nich, nee — aber ick hew mi dat dacht.

Elsabe: Dat is ja bald nich mehr uttoholln! He kickt mi nich an, he spreckt nich, he breckt nich, he ästemiert mi gornich!

Hugo (trinkt, wärmt sich die Hände an der Tasse): Lat 'n. — Möst nich dornah fragen. — Da kümmt he ja.

Elsabe (etwas freier, geht sofort an den Herd): Na, endlich.

Willem (tritt ein, schläfrig, hält den Arm wie zum Schutz über die Augen, als er nach dem Sofa hin sieht; behält seine Mütze auf): Ick dacht mi 't woll, dat Du hier wärst. — Hest all wat eeten? Ick weit nich — ob wi am Abend doch fohrt?

Elsabe (zu Hugo und Hein): Gaht da mal dahl von 't Sofa, dat is Willem sien Platz.

Willem: Bliwt man ruhig sitten. (Beide stehen doch auf, er setzt sich hin.) Ick bin so matt un meud in 'e Glieder.

Elsabe (trägt Teller auf den Tisch): Nu wist doch woll erst wat eeten?

Hugo: Ja — ick wür mi ja ruhig rutwagen. Veel slimmer, as wi 't de letzte Fohrt dörchmaken mösst hem, is 't ok nich. Un wenn wie in See sind, is 't woll lang vorbie. Man de Stürung kann ick nich alleen öbernehmen. Wenn Du wankelmeudig bist, denn is 't all lang nichs. — Weisst all — von Appen? —

Willem (nickt; legt sich mehr über den Tisch, rührt dabei gegen einen Teller; er streicht sie ohne ein Wort und ohne eine Spur äusserlicher Erregung ruhig vom Tisch und sieht wieder, als sei nichts geschehen, auf Hugo): — Ja, ick hew 't hört.

Hugo (blickt heimlich auf Elsabe): Na — ja — ick segg — von Appen is hen. Drei Dag hett he hier rumwunnert, ganz benaut is he fohrt — un kümmt nie weder.

Elsabe (hat am Herd Suppe aus einem Topf in eine Terrine gegossen. Sie erschrickt, als ihr Mann die Teller zu Boden wirft, hält sich einen Augenblick am Schrank, zittert, sieht ihn gross an. — Läuft endlich auf Lütt-Hein zu, nimmt ihn auf den Arm): Kumm, sast 'n beeten slapen — (eiligst mit ihm links ab).

Hugo (sieht ihr nach): Dat harst nich nödig hat. Se het kein Schuld!

Willem: Gah mi los! hier handelt sick 't nich um Schuld. As mi Mudder so mir nichs Dir nichs nah all dat Pech ehr ganzes Geld op denn Ewer gew, donn hew ick mi 't tosworen: Du sast 't mal god hem bi uns! Un seit de Stünn' hew ick Glück! Mit jede Fohrt hew ick Glück! Du weisst 't ja! Nu bin ick rut ut 'n Gröwsten. Ick künn Mudder dat Geld trüchgeben, morgen in' Dag! Aber ick will wetten, dormit geiht mi dat Glück von' Schipp!

Hugo: Verlangt Mudder denn dat?

Willem: Nee, nee!

Hugo: Na, ja — denn lat s' doch bliewen, wo se is. Se kriegt von uns monatlich ehr Deil, Lisbeth giwt ok wat to ...

Willem: Dat will s' ja eben nich! Se will kein to Gnad leben, se will ehr Brot verdein'!

Elsabe (kommt zurück, tut nun alles eilig und verstört; nimmt die Scherben auf und bringt sonst alles in Ordnung; horcht dabei immer auf das Gesprochene, sieht hin und wieder zu den Beiden hinüber).

Hugo: Wenn s' man verdräglich is un ehr Wür 'n beeten in acht nehmen deiht, kann s' dat ja ok.

Willem: Verdräglich, seggst Du! Se seggt mal n' Wurt toveel, gewiss, alles wat recht is. Wat hett se aber ok alls hinner sick? Süh, ick as de Öllst, hew alles mitbielewt, ji jüngern sind nich veel dorvon gewohr worden. Vader sät in 'e Wirtschaften rum, un Mudder stünn de Nachten dörch an 'e Waschbalge! Vaders wegen harn wi verhungern un verkamen künnt, Mudder hett uns dörchsleept! Dorbie is se hart worden, wie 'n Kerl! — (schlägt auf den Tisch) Verdammi! is denn dat 'n Wunner?! Lat ehr dat man erst ein nahmaken.

Elsabe (am Schrank): 'n anner Fru, wat 'n richtige Mudder to ehr Kinner is, har dat ok dahn. Ick güng för mien Kinner dorch 't Für!

Willem (als wenn er das garnicht hört, ruhig zu Hugo gewandt): Ick segg, dat sall ehr erst mal ein nahmaken!

Elsabe: Ick mak ehr 't nah!

Willem (wie zuvor, sehr laut): Dat sall ehr erst mal ein nahmaken, segg ick!

Hugo: Gewiss, Mudder het 'n Barg för uns Kinner dahn, dat süht ein mit 'n halbes Oog. Aber darum brukt se doch noch lang nich jeden Minschen för 'n Swien oder Süper to holln! Bloss se allein kann alls, versteiht alls, un seggt nie 'n Wurt toveel. Un dobie is grad se dejenige.

Elsabe: So is 't ganz recht seggt!

Willem: Dat sind man Wür bie Mudder, se meint dat nich so.

Elsabe: Aber se seggt dat doch!

Willem (wie vorher): Se meint dat nich so! Wenn eine Fru so het hendörch mösst, denn ward se anners, as anner Frun, denn hett se ok ein Recht, anners to sien! Arbeit Du mal Nacht för Nacht dorch, bit morgens hento. Wenn de Dag an to schienen füng, käm Vader to Hus, vull, dat he sick knapp toholln künn. Ji leegen denn fein un sleepen. As 't an slimmsten wär, wärst Du noch garnich geborn. Ick aber mösst denn rut ut de Klapp. Wi beiden bröchten em denn to Bett, weinen künn Mudder all gornich mehr! starr un kolt deh se alles — so Nacht vör Nacht — süh, denn ward ein hart! — — — Ick mösst denn los, morgens Klock fief, in Winter wär 't noch stickenhimmelbalkendüster, noh 'n grotes Pangschonat — twindig un ok vieruntwindig Por quutschennatte

Vierter Akt.

Stebel har ich blank to putzen — Morgen för Morgen — un denn har ick 'n Stünn to loopen, un mösst Klock acht in 'e School sien. — Süh, dorvon weit ick, wur 't togahn kann op 'e Welt, un dorum segg ick: Mudder kann nich anners sien! Uns' Pflicht is 't, dat wi se hochholln!

Hugo: Gewiss! Dat sall ok kein Minsch afstrieden. Aber Mudder wär dommols al so! Ick bin in letzte Ciet veel mit Vader tosam weest, mehr as ji all.

Willem: Soveel as von Di, hölt he ok von kein' von uns! 't wär, as wull he wat god maken.

Hugo: Na, jä — Ick kenn em beeder as ji! Dat ein' lat ick mi nu gornich afstrieden: wär he von Mudder beeder nahmen worden, he wär 'n annern Kerl weest!

Willem: Dat kannst Du nich so gewiss seggen, he hett all vorher drunken.

Hugo: Dat hett he eben nich!! Ick bin Mudder in letzt Ciet, as ick bie ehr wär, mal to Kleed west, wie se dat immer seggen künn. Vader, wenn he ok meist 'n Lütten hat hett, säh de Wohrheit: för söftein Penn Snabs, da hett he drei Dag to 'n Abenbrot genog an hatt! So is 't!

Willem: Hett Mudder dat denn togeben?

Hugo: Gewiss hett Mudder dat togeben! Dat wär man de ersten por Johr, säh se. Verflucht! Dat is doch genog! Ick will mien' Kopp missen! Har se Vader 'n beeten weiker nahmen, de har dahn, wat se wullt har! Nahgeben har s' em mösst, wo se künnt har . . .

Elsabe (hält mit arbeiten ein und hört genau zu).

Hugo: — wenn 't ok erst 'n beeten weihdahn har. Aber he wär sonn' Kerl, wenn he denn nahher sien Unrecht inseig, denn wär he so weik, dat em Cranen in 'e Oogen kämen. Ick hew em häufiger so seihn, un he hett mi leed dahn! — Aber Mudder let em garnich sowiet kamen, immer brüllt se gegenan!

Willem: — Hm — jä ick weit nich, wat ick dortau . . . . ganz Unrecht is 't jawoll nich.

Hugo: Du dörfst mi op 't Wurt glöben, Willem! ick kenn Vader! Wenn 'n Striet weest wär, glieks wek un missmeudig! Na, Du mösst doch . . . (dreht sich auf seinem Stuhl) ick har bald seggt: mit Di is 't ja grad so! — Süh! un denn güng he to 'n Drinken!

Elsabe (wirft entschlossen ihre Arbeit hin und geht eilig links ab).

Willem: Jä — wenn man dat so hört — unmöglich is 't nich. Ick will Vader nich Unrecht dohn, gewiss nich, aber dat Mudder de Schuld — — nee....

Hugo: Dat seggt kein'! Schuld hem alle beide, de ein sowoll wie de anner.

Elsabe (ein Tuch um Kopf und Schulter, kommt zurück, geht eilig zur Tür hinaus und nach links.)

Hugo: Man dat Vader allein de Schuld hett, dat is nich wohr, segg ick! nie un nimmer! (sieht Elsabe nach).

Vierter Akt.

Willem: — Gewiss, Mudder hett ok mit Schuld, aber de meiste hett doch Vader.

Hugo: Ok nich! in Gegendeil! — Dor geiht se hen!

Willem: Lat s'.

Hugo: Se holt Mudder weder!

Willem (schrickt doch etwas auf): Na, dat glöw ick noch nich.

Hugo: Sast seihn — wat ick Di seggt hew.

Willem: Wennt so is, denn fohrt wi hüt abend noch! un wenn 't hult un brummt!!

Vorhang.

Fünfter Akt

Fünfter Akt.

Dieselbe Szene.

(Nachmittag. Mudder sitzt an der Nähmaschine. Elsabe hat das ganze Cellerbort abgeräumt; das Geschirr steht zum Ceil übereinander auf dem Tisch. Sie wischt die Borte ab und fängt dann an, die einzelnen Teile nachzuwischen und einzuordnen. Sie sieht verweint aus und tut alles ängstlich und schnell.)

Mudder (näht am weissen Kinderbettbezug den letzten Knopf an): Dat brukst mi nich gliek weder öbel to nehmen. Ick nimm mi doch gewiss in acht.

Elsabe (ohne einzuhalten): Ick nimm nichs öbel.

Mudder: Denn is 't ja man god — (beisst den Faden durch) So, nu is dat lütt Ding fertig. Hol mi mal denn dürn Wagen her. Will 't gliek öbertrecken, dat anner süht ja all to dreckig ut.

Elsabe (geht sofort links ab und kommt gleich mit dem Kinderwagen zurück. Geht wieder an ihre Arbeit).

Mudder: So (steht auf; überzieht Kopfkissen und Überbett mit den neuen Bezügen, wirft die alten auf den Boden). — Dat möt di doch ok veel mehr Spass maken, wenn dat all 'n beeten recht schön sauber is. Ick hew de Nacht sitten möst un mi sowat maken, un doch gung'n mien Kinner immer sauber un adrett, dat sick de Nachborn dröber wunnern dehn. Du hest aber doch denn ganzen Dag Tiet — (als sie fertig ist): Kiek! süht dat nu nich veel beeder ut? Ick har mi schämt, har 'n fremden Minsch mien Kinner so dreckig liggen seihn.

Elsabe (arbeitet fort und schweigt).
Mudder: Slöpt denn de Lütt op dien Bett?
Elsabe: Ja.
Mudder: Hett s' sick ok nich weder nattmakt?
Elsabe: Ick hew nich toseihn.
Mudder: Wat? Du hest nich toseihn? Mien Kinner wärn immer dat erst' un dat letzt. Mit 'n Vierteljahr hem s' all kein Dauk mehr schietig makt, so hew ick s' tiedig ant Affholln gewöhnt. — Aber dat is ja ok bie Brustkinner ganz wat anners, Buttelkinner brukt mal so veel Deuk! (befühlt eins der über dem Ofen hängenden Kindertücher) Ja, dat is drög. (zieht es von der Leine, reibt es und schlägt es mehrmals kräftig über die linke Hand). Soveel will ick man seggn, Du harst Dien Kind ok de Brust geben künnt.

Elsabe: Ick hew 't ja versöcht, aber dat gung nich; in twei Dag har de Lütt mi alls kaput beeten. Ick sull s' nich mehr anleggen, säh de Doktor, sünst künn sick dat entzünden. (ordnet das Geschirr wieder ein).

Mudder: Na, dat hett woll man 'n beeten weihdahn, un da harst glick kein Lust nich mehr. De jung'n Frun hütesdags sünd all to bequem, ehr Kinner selbst to stilln. Dat is jem nich fein genog (indem sie mit dem Wagen links abschiebt) Wenn ick dor man bie west wär, denn har 't woll gahn süllt mit Di! Kannst Di to verlaten (ab).

Fünfter Akt.

Elsabe (allein; sieht schweratmend zu Boden, trocknet sich dann mit der Schürze die Augen und wischt sich die Nase. Weinend): — Gott, nee, wo lang sall dat noch durn?! — (nach einer Weile trocknet sie sich hastig das Gesicht mit der Schürze ab und arbeitet weiter).

Mudder (tritt wieder ein, ein nasses Kindertuch in der Hand): Gewiss har se sick natt makt, kiek bloss mal an. (schlägt das Tuch beim Ofen über die Leine). Se is gliek weder inslapen, un wie liggt se da seut. — Du seggst, de Doktor hett 't seggt, sonn Doktor weit von sonn' Saken öberhaupt nichs! Wenn ick dorann denken do, wat 'n Doktor all alls in vörut prophenzeiht hett — ach Jeses! — Du — Du bad'st de Lütt nich häufig genog. De lütten Lend'n schien mi all wund to warden. Da möst Du mehr acht op geben. För dat eigen Kind darf di kein Arbeit toveel sien. Tiet genog hest Du doch wahrraftig. — (besinnt sich) Wat do ick nu? Na, ick kann eben dat Schrank 'n beeten afseipen.

Elsabe: Ick bin da ja bie, ick war damit woll allein ferdig.

Mudder: So. — (sieht sie von unten bis oben an) Du kümmst mi all weder ganz komisch vör. Fehlt Di wat?

Elsabe: Wat sull mi woll fehln?

Mudder: Denn is Di 't woll nich recht, dat ick di helpen do; wenn allein ferdig werden künnst, denn harst mi doch nich trüchhaln brukt! Meinst, dat mi dat angenehm is, hier jeden Dag in Striet un Zank to leben?

Elsabe: Dat is nich mien Schuld.

Mudder: Na, mien doch erst recht nich! Ick help jedeneen gern, un noch kein hett mi wat Slechts nahseggen künnt. Da hör mal rum, ob se Di nich öberall seggt, ick arbeit' wie 'n Perd, Dag un Nacht kein Ruh! Du wullt man immer op mi rumhacken, jedes Wurt, wat ick seggen do, is di toveel. Aber denn segg mi doch mal, ob ick 't all jemals slecht mit Di meint hew? Will ick nich dien Best' op Steg un Weg? Ick will wieder nichs, as dat dien Mann sick hier gemütlich feuln deiht. He is sonne Unornung nich gewohnt!

Elsabe: De Unornung is hier nich so grot, as Du maken deihst; nich grötter as in jeden Husstand, wo Mann un Fru sick verdragen könnt. Wo aber de Mann schimpt un spektakelt, und de Frau vör em in 'e Ecken krupen möt, da mag dat anners sien. Dat weit ick nich.

Mudder (ganz erstaunt, aber sprungbereit): So?!

Elsabe: Willem hett sick hier woll feult, so lang ick hier alleen för em sorgt hew!

Mudder: So? Denn wullt Du also seggen, dat ick för mien Mann in 'e Ecken krupen mösst? Un nu ok noch, dat Willem sick nich mehr woll feult, sietdem ick hier bin? Warum hett he denn de drei Dag, de meiste Tiet bie mi rumlegen?

Fünfter Akt.

Elsabe: Dat mag de leibe Gott weeten! He is woll gorkein Kerl mehr.

Mudder (hört genau zu): Wat seggst Du??

Elsabe: He is gorkein Kerl mehr.

Mudder (lächelt): Hm! nu weit wi 't ja. (giesst Wasser in eine braune Kumme) — Hm! Du wusst woll seggen, he is öberhaupt noch kein Kerl weest? (nimmt grüne Seife, zerschlägt sie in dem Wasser) Nu geiht mi erst 'n Licht op. (lächelt) Hm! Denn hett de Doktor doch recht hatt. — Dat dat mal so rutkamen mösst, hew ick mi all lang dacht.

Elsabe (sieht sie verwundert an, gespannt). Wat? Wat denn? Ick verstah Di nich!

Mudder: Ick verstah Di desto beeder. (lächelt) Na ja (geht mit dem Seifenwasser an den Schrank und beginnt ihn mit dem Seifentuch abzuwaschen).

Elsabe (arbeitet wieder): Ick war da nich ut klok, is mi ok egal, wat Du meinst. — Bien Schrank harst nich bietogahn brukt. Beeder, Du makst 'n warm Abendbrot för de beiden. Dat Middageeten hett doch all to lang röst. Dat smeckt nich mehr. — Ick begriep öberhaupt nich, wo de Beiden so lang bliewt, se harn doch längs von Alt'na trüch sien künnt — se kamt sünst all to Middag, un wenn se noch mehr Fisch harn as ditmal. — (sieht die Mudder wieder an) Ick kam da doch nich öber weg, wat meinst Du eingtlich mit 'n Licht opgahn? — (geht an den Tisch, den sie abwischt) Na nee, mi sall 't nichs angahn.

Mudder: Wenn doch bloss de oll griessborte Doktor noch leben deh! Ick wür hengahn un em fragen, so gewiss as ick hier stah.

Elsabe: Welche Doktor?

Mudder (wirft das Seifentuch in die Schüssel, geht geheimnisvoll lächelnd zu Elsabe): Weisst ok, wat de seggt hett? As Willem noch sonn' lütten Jung wär, fief Johr wull, da lät ick em mol unnerseuken.

Elsabe (aufmerksam): Wat denn? Ōber Willem hett he wat seggt?

Mudder (geht wieder an den Schrank und seift eine Weile lächelnd).

Elsabe: Na, nu war ick doch neigierig (geht zu Mudder). Wat denn? Wat hett he denn seggt?

Mudder (das Seifentuch wieder in die Kumme werfend): Dat will 'ck Di seggen. He hett seggt, Willem sien Fru künn maleins kein Kinner kriegen.

Elsabe (wendet ihr den Rücken, macht ein paar Schritte zum Tisch): Dat hest all mal seggt (bleibt dann plözlich, schrickt zusammen und wendet sich nach Mudder um). Aber Du seggst dat ditmal so . . . .

Mudder: He hett meint, sien Fru künn maleins von em kein Kinner kriegen (sie will das Seifentuch lächelnd wieder aufnehmen).

Elsabe (springt auf Mudder zu, packt mit beiden Händen ihren linken Arm, den sie wohl schüttelt, sich aber doch mehr noch daran hält, um nicht umzustürzen;

Fünfter Akt.

zittert heftig, versucht zu schreien, doch kommt kein Laut über ihre Lippen).

Mudder (greift zu, stützt sie, doch sie sich immer vom Leibe haltend): Wat is denn los? Ick segg blos, wat de Doktor mi seggt hett.

Elsabe (schreit endlich dumpf auf): — — — Mudder!! — Du — Du gläuwst dat?!

Mudder: — Ick weit nich, wat ick glöben sall; so hett de Doktor dat seggt!

Elsabe: — Du bist slecht! — (wankt zurück, sinkt endlich auf den Stuhl vor der Nähmaschine nieder) — von mi dat to glöben! (weint endlich laut auf) — Du bist ... Du ... Du ... (weint und schluchzt).

Mudder (sieht sie an; halb tut es ihr schon wieder leid, geht ein paar Schritte zu ihr, bleibt wieder stehn, schüttelt den Kopf; kehrt um und geht an den Herd): — Weisst Du, so brukst Du Di dorum nich antostelln! Wenn man 'n reines Gewissen hett, denn lätt man eben jeden Minschen seggen, wat he will! — Aber Du makst 'n Larm davon ... da möt man ja sien Deil glöben ... (rührt im Feuer, wirft Kohlen auf).

Elsabe (ist ruhiger geworden, steht auf, sich auf beiden Armen stützend; das Weinen ist vorüber, eine krampfhafte Starre verzerrt ihr Gesicht. Sie lässt von jetzt ab kein Klagen, Stöhnen oder Weinen hören, in ihrer inneren unheimlichen Wut erstickt alles): ... Bliw von' Für! — Mak dat Du rutkümmst!

Mudder (sieht sie verständnislos an): Wat wullt Du?

Elsabe: Du sast maken, dat Du rut kummst ut 'n Hus! Rut!!

Mudder: Na nu ward 't god! Du wullt mi ut mien Söhn sien Hus rut smieten?

Elsabe: Rut!! Sünst stick 'ck dat Hus an!

Mudder: Man kann ja bang vör di warden! Du bist woll narrsch?!

Elsabe: Du hest mi sowiet bröcht! Rut! op de Stell! Rut!! ick weit nich, wat ick sünst do!

Mudder: Na, dit 's ja amüsant! Wat hört di denn von dat Hus to, dat Du mi rutsmieten kannst? Du süst doch man froh sien, dat noch sonn ehrlichen Mann kreegen hest, de Di ernähren kann. Wat hest Du denn hatt? (Willem, ein Paket unterm Arm, und Hugo kommen über den Deich).

Mudder (zur Tür): Na, Gott sie Dank! Da kamt s' ja all.

(Wilhelm und Hugo kommen herein).

Mudder: Hört bloss mal an, Elsbe will mi hier umbringn!

Willem (wirft das Paket auf das Sofa): Nanu? Wat is denn nu all weder los?

Hugo (geht zu Elsabe, die starr dasteht). Elsbe! Elsbe! Wie sühst Du ut? Fehlt Di wat?

Mudder: Se will mi hier rutsmieten, juch dat Hus baben 'n Kopp anstícken, un allerhand dumm' Kram quatscht se.

Fünfter Akt.

Willem: Warum antwurt s' denn nich? (geht ebenfalls näher zu ihr) Elsbe!

Hugo (fasst sie an): Elsbe! wat hest Du?

Elsabe (schüttelt die Hand ab): Mudder sall sofort ut 'n Hus!!

Willem: Na nu ward 't rieten! Du bist woll nich ganz bie Sinn? Einmal is se dienwegen ut 'n Hus gahn, un 'n zweites Mal passiert dat nich! Verdammi! twei grote utwuss'ne Minschen, de möt sick doch sliesslich sowiet verdragen könn', dat de Nachborn nich mit de Finger op uns wiest!

Hugo: Wat dat wull weder west is?

Willem: 'n Dummheit natürlich.

Mudder: Se hett seggt, Du wärst kein Mann nich!

Willem (versucht die Sache ins Lächerliche zu ziehen): Wahrhaftig? Hahaha! (lacht, schlägt sich dabei mit der Hand aufs Knie). Denn nich ...

Elsabe: De nich dörchgriept, wenn sien Mudder de Fru dodpiern deiht, dat is ok kein Mann nich! Bewies', dat Du ein bist, schick Mudder ut 'n Hus!!

Willem (geht wieder näher zu ihr): Hör mal, Elsbe, Du kümmst mi nu bald 'n beeten mutsch vör. — Segg mal, wat fallt Di eingtlich in?

Elsabe: Mudder möt sofort rut, oder ick gah! Ick bliw kein Stünn mit ehr unner ein Daak.

Willem (dreht sich nach seiner Mutter um, die Essen auf den Tisch trägt): Wat is dat?

Elsabe (immer ziemlich hinten stehend): Se — se

hett seggt — mien beiden Kinner — (mächtig zitternd, kann die Sprache kaum herausbringen) dat sind Haurnkinner!!

Willem: Wat?

Mudder (holt weiter Brot, Butter, Wurst aus dem Schrank; wird von dem andern durchaus nicht berührt): Dat is nich wohr. Ick hew blos seggt, wat de Doktor seggt hett.

Willem: Ach so, dat is 't.

Elsabe: Aber wie Du dat seggt hest!! „Nu geiht mi 'n Licht op!" „Nu weit ick ok, wat los is!" un denn dit verfluchte höhnsche Lachen!

Mudder (steht): Sall ik denn nu ok all nich mehr lachen? (geht, setzt die Sachen auf den Tisch).

Hugo: Ick kann mi't denken!

Willem: Wie se dat seggt hett, is doch ganz egal! De Haupsak is doch man, dat ick de Kinner anerkenn' do. — Mudder har dat nich seggen brukt, se weet doch, dat dat dumm'n Snack weest is von denn Doktor. Wat will de Schapskopp an' sössjährigen Jung seihn, ob he mal Vader ward. Deshalb brukst Du di nich glik op de Achterbein' to setten.

Elsabe: Mudder glöwt dat!! Entweder se geiht — oder ick!

Mudder (geht zu ihr, wütend). Nu segg mi bloss mal ein Minsch an, woher nimmst Du Di dat Recht, noch so denn Kopp in' Nacken to smieten?! Du süst doch man ganz still sien! Is nich de Lütt-Hein all söss Mond nah de Hochtied to Welt kamen? Dat 't Willem sien is, will ick nich beswörn!

Fünfter Akt.

{Willem (wütend): Verdammi! Mudder! swieg still!!
{Hugo: Junge! Junge! Junge!
Elsabe: Da! Da hörst dat! Se geiht oder ick!! Hüt abend noch!!
Willem: Mudder, Du swigst jetzt, sünst kriegst mit mi to dohn!
Hugo: Dat 't so kamen möst, hew ick woll dacht! Mudder hört nich ehr op! Ganz recht, Elsbe! ick in dien Stell har 't all lang fordert!
Willem: Se hett s' sick selbst weder hahlt, ohn dat ehr ein Minsch wat seggt hett. Meinst dat ick hier op Finkenwarder rum kamen will? Se lacht mi nu all wat ut! 'n tweites Mal ward de Komeidi nich makt!! Dorbie bliwt!! — Mudder, Du, nimmst Dien Wür 'n beeten mehr in acht! Wenn ok old bist, Du hest doch noch dien gesunden Verstand un mösst weiten, wur wiet Du to gahn hest.
Mudder: So? Nu fang Du ok noch an, nich? (geht rückwärts, sich beide Füsse abtretend) dat 's to grässlich! wenn man immer so op de Kohl rum pett (holt den Besen und fegt die Kohlen nach dem Ofen zu zusammen). Fallt man all öber mi her, denn is 't am besten, ick gah glick hen, wo ji mi nich wederholn könt.
Hugo: Wär ok nich slecht!
Mudder (stellt den Besen wieder in die Ecke): Juch beiden hew ick all lang in stilln beobacht. Du süst man ganz still sien.
Willem: Nu hör op, in goden! Ick hew Di sonn'

8

schönes Kleed mitbrächt, Elsbe, stünnlang sind wi lopen, ehr wi ein fündn, dat uns god genog wär (will nach dem Sofa gehn).

Elsabe: Sall Mudder nich gahn?! — denn gah ick Aber mien beiden Kinner nimm ick mit mi! Wenn ok kein glöben will, dat 't Dien sind, mien sind 't doch gewiss!! de Haurnkinner!

Willem: Elsbe! ick segg Di in goden: mak kein Dummheiten! Von mi hest doch nie 'n Twiefel hört.

Elsabe: Ick will s' ok von Dien Mudder nich hörn!! Du bist de Mann un möst Dien Fru vör sonn' Redensarten in Schutz nehmen!! Süst glöwst Du 't ok! — Hüt abend geiht Mudder ut 'n Hus!!

Willem: Hüt abend geiht se nich! Du hürst doch! Ick will hier nich nochmal Obseihn maken. — Morgen will ick s' ropbringn.

Hugo (ist näher zu ihnen herangetreten und misst seinen Bruder zornig): Do fangst Du weder an, ehr op jede Ort to konjuniern! Du mit Dien oll dwatsches Hen- un Herlurn hest doch man Schuld, dat s' Mudder weder hahlt hett. Gläuwst an' Dübel und Vorbedüdung wie sonn olles Wief!

Willem: Wat wullt Du?

Hugo (in heimlicher Wut): Du bist ok kein Mann nich! Ick hewt toerst seggt! Sünst würst Du hier ja 'n Machtwurt spreeken! Du Schooster!

Willem (will auf ihn zu): Wat?!

Fünfter Akt.

Elsabe (tritt dazwischen und sieht ihren Mann gross und durchdringend an): He hett recht!

Mudder: Nu kiek doch bloss mal an, de Beiden!

Hugo: Lat em man kamen, Elsbe, wenn he ok soveel öller is, aber wenn 't drop ankümmt, smiet ick em mi noch dreimal öbern Kopp.

Willem (will Elsabe zur Seite schieben): Gah weg!

Mudder (hält ihn zurück): Gah nich op em af, Willem! He hett immer glieks dat Mess' prat!

Hugo: För jeden de 't verdeint hett!

Mudder: Da sühst dat nu! Ick hew 't ja all lang markt, glieks as ick kamen bin! De Beiden hebt wat tosam!

Willem: Quatsch nich, Mudder!

Mudder: Dat is doch wahr! Du höllst noch veel to veel von Dien Fru! Wer is se denn? Wat hett s' denn hatt? Un nu will s' mi rut triezen?

Willem: Du bliwst hier! Un jetzt still davon! sünst slag ik alls in korten Stücken!!

Elsabe (will zur Kammer hinten links): Denn gah ick!!

Willem: Elsbe!! reiz mi nich!!

Elsabe: Ick gah noch hüt abend, un mien Kinner nimm ick mit mi!! (will in die Tür).

Willem (in äusserster Wut; springt ihr nach, packt sie an der Schulter und reisst sie zurück): Gah, wenn gahn wullt! de Kinner letst Du mi slapen! — Gah!! un wenn 't ton Dübel is!! — Du bist jawoll narrsch worden in ein' Dag! Gah! wohen Du wullt! hier lat ick Di nich rin!

Elsabe (zitternd, heiser): Lat mi mien Kinner!! — Lat mi mien Kinner!! — Ick will mien Kinner hem!! —

Mudder: Lat s' nich rin, Willem!

Willem: Holl Du Dien Mul, Mudder! Verdammi! ick will von Di nichs mehr hörn!

Elsabe: Gew mi mien Kinner!! oder ick stört mi int Wader!

Willem (ganz ausser sich): Do doch!! Gah doch!!

Elsabe: Gew mi mien Kinner, oder ick stört mi int Wader!!

Hugo: Elsbe!

Willem: Verdammi! gah doch, segg ick! dat Wader is natt! Da kümmst wenigstens glieks to Besinnung!

Elsabe (packt ihn krampfhaft an der Brust, heiser): Willem! mien Kinner . . . . .

Willem (schleudert sie von sich): Gah!! segg ick Di!!

Elsabe (taumelt, hält ihren Kopf mit beiden Händen, sieht sich ganz entgeistert um).

Hugo (geht ein paar Schritte zu ihr, leise): Elsbe.

Elsabe (rafft sich auf; hauchend): — Mudder hett Schuld — (stürzt aus der Tür und quer über den Deich).

Willem (ruft ihr nach): Kumm aber nich so lat weder! sünst ward toslaten!

Hugo (sieht Willem gross an): — Du Willem — ick glöw, se makt ernst! — (erst noch unentschlossen, stürzt ihr endlich nach).

Fünfter Akt.

Mudder: Wat dat woll ward.

Willem (geht zum Tisch): Alls narrsch in ein' Dag!

Mudder: Kumm, sett Di op 't Sofa, eet erst wat, Du mösst ja Hunger hem. Da fehlt doch nichs? (übersieht den Tisch) Nee. (geht an den Herd) Ick will noch eben 'n betten Tee opschenken.

Willem (lässt sich stöhnend auf's Sofa fallen): För mi brukst nichs optoschenken — ick mag nich.

(Es ist jetzt ziemlich dunkel. Draussen leuchtet matt der Abendhimmel).

Mudder (wendet sich zu ihm): Nanu? Du mösst doch 'n Happen eeten.

Willem (laut, wobei er sie gross ansieht). Du hörst doch, ick mag nich!!

Mudder: Nu, nu — ja, deshalb brukst nich gliek optobrusen. — Am End' giwst Du mi ok noch de Schuld?

Willem: Swieg davon! Du harst nich nödig hatt, se mit Dien Quatsch so optobringn! Se wär ja in ein Für, dat 'n se nich weder kennt. Wenn 't bloss . . .

(Draussen Lärm, Leute laufen über den Deich nach links).

Willem (steht erschrocken auf, stützt sich mit beiden Händen auf den Tisch): Nu?! — sull s' doch . . ?

Mudder (halb über die Schulter sprechend): Na, so dumm ward s' doch woll nich weest sien. (sieht die Schüssel mit dem Seifenwasser) Nu hew ick doch in dem Rapus dat ganz vergeeten.

Willem (geht zur Tür, reisst sie auf): Hm! da kamt s' all! (tritt zurück. Er bleibt von nun ab ruhig und gross, nach aussen hin verrät nichts, was in ihm vorgeht. Nur seine Sprechweise ist jetzt kurz und forsch).

(Nachbarn schleppen Elsabe, deren Kleider triefen, über den Deich herein. Hugo, nass, trägt ihren Oberkörper, mit den Armen um Schulter und Hals. Neugierige drängen nach.)

Willem (macht beide Türen auf): Is s' all dod?

Mudder (schlägt die Hände zusammen): Herr! Jesis, wat is nu?! Dormit wull s' uns doch man blos argern — (weint). Nee, nee, wo künn se sowat maken?!

Willem: Leggt se hier dahl!

(Die Männer legen sie nieder, stehen und sehen bald auf Willem, bald auf Mudder.)

Hugo (kniet neben ihrem Haupt, streicht ihr immer wieder das nasse Haar aus dem Gesicht und ruft leise): — Elsbe — Elsbe — Elsbe —

Willem: Nu — rut! Wi brukt hier kein Mulapen! rut! (die Leute gehen, ihn vorwurfsvoll anblickend, ab). Wi weet allein, wat to dohn is! (macht die Türen zu und verschliesst sie, den Schlüssel steckt er in die Tasche) So! (geht zu Hugo) Kumm hoch! willn se in 'e Kamer drägen! Dien Ropen helpt nichs! hoch!

Mudder (weinend): Kinner! Kinner! mi ward ganz slecht! — Wie is dat blos kamen?

Fünfter Akt.

Willem und Hugo (fassen Elsabe an und schleppen sie nach links ab.)

Mudder (allein, lässt sich auf einen Stuhl fallen, sieht eine ganze Weile weinend vor sich auf den Boden, schüttelt endlich den Kopf): Nee, nee, de armen Kinner! de armen beiden lütten Kinner . . .

Hugo (kommt leise und langsam zurück, sieht hinaus, geht nach rechts zur Tür, langt mit dem Arm hoch, um seinen Hut vom Nagel zu holen, lässt ihn wieder sinken und wendet sich nach Mudder um): — Du hest Schuld, hett se seggt, un Du hest ok Schuld!!

Mudder (wischt sich mit der Schürze das Gesicht ab und springt auf): So?! Du dumme Jung!

Hugo (geht langsam näher): Du hest mit Dien verfluchte Ornung hier denn ersten Striet anstift! Du hest se piert op Schritt un Tritt! un hest se dod makt!!

Mudder (weicht vor ihm immer mehr nach der Tür links): Wenn se sick man nich um Dien halben dat Leben nahmen hett. Du hest se ja so leiw hatt!

Hugo: Ja! ick hew se leiw hatt! — Du nich! Du hest se hier rut hem wullt, damit Du ok Willem noch sowiet krigst, as Du Vader kreegen heest! Du bist Schuld, dat se sick dodsapen hett! Du hest se mit Dien verfluchtes Sticheln, Quatschen un Leigen ut 'n Hus dreeben!! Du hest Di all Dien Leiden selbst to verdanken! (geht auf sie zu) Un mi driwst Du ok!!

Mudder (flüchtet ängstlich bis an die Tür): Du wist mi woll dodmaken? Mi ward ganz bang vör Di!

Hugo (bleibt stehen, drückt die Fäuste gegen den Leib; heiser): Du hest ok Ursak!! (wendet sich, sieht den Schrank) Hä! (geht langsam auf den Schrank zu, reisst die linke Schublade heraus, dass alles auf den Boden fällt. Nimmt die Börse mit Geld und geht zur Tür hinten. Indem er das Geld in die Tasche steckt; heiser): Du wist 't nich beeder hem! (langt seinen Hut herunter und will zur Tür hinaus; prallt zurück, da sie verschlossen ist): Nu?! (zieht erst seinen Hut tief über die Ohren und tritt dann wütend die Tür ein. Geht mit langen langsamen Schritten, beide Hände in den Hosentaschen über den Deich nach links ab.)

Willem (kommt von links): Wat wär dat hier? Wat klirrt hier so? Wat fehlt Di?!

Mudder (ängstlich, kann kaum sprechen): Ach Willem — Hugo is gahn, hett sick dat Geld ut de Schuf nahmen — (weinend) He seggt, ick bin an alls schuld!

Willem: Dat ok noch. (geht nach rechts, nimmt seine Mütze).

Mudder: Is s' denn all dod?

Willem: — — möt 'n Slag kreegen hem — — hier — — denn dat kolle Wader . . .

Mudder: Ach — Wo wullt Du hen?

Willem: Hugo seuken!

Mudder: Seggst Du ok, dat ick schuld hew?

Willem (laut): Nee!! (leiser) Nee, nee! ick hew de Schuld! Nu seih ick't in! — nu, da 't to spät is. — (sieht die eingetretene Tür an).

Mudder (weinend): Willem! wenn bloss Hugo sick nich ok wat andeiht! (steckt Licht an).

Willem: Denn möt ick em erst recht seuken!

Mudder (weint, geht an den Schrank, seift ihn weiter ab) — Nee, nee! wat ick ok alls dörchmaken mött! —

Ende.

www.ingramcontent.com/pod-product-compliance
Lightning Source LLC
Chambersburg PA
CBHW021714230426
43668CB00008B/835